「夢なんて、叶うわけない」と
　　　　　思っているあなたへ ─

GIRL'S
女子のための
DREAM
ユメカナバイブル
BIBLE

Etsuwo Matsumoto

Mirai*Kanai

お金ないし。

人脈ないし。

才能ないし。

そ␣␣␣れに、

夢、ないし。

……っていうか、

夢って、何？

#0-01 : Prologue
「夢なんて、叶うわけない」と思っているあなたへ

中学 2 年生の夏。
教室の片隅で、わたしはふと「将来のこと」を考えた。

自分も、中学を卒業して、高校に進学して、大学なんかも行って、
そのあと……やっぱり就職したりするんだろうか。

社会を見渡していると、
大人たちは 1 日 8 時間以上、仕事をしている。

たいていの大人たちは、
それを、月曜日から金曜日まで、繰り返し、
さらには、その 1 週間を何十回も繰り返し、
挙げ句の果てに、
学校のように 3 年や 6 年で卒業することもなく、
それを数十年間も続けている……。

今、わたしは中学生で、
1 限から 6 限まで授業を受けたら、
部活に出て、家に帰ってご飯を食べて。

夜遅くまで好きなことに没頭して、
朝になったら、母に起こされて、
昨晩没頭していた「成果物」を持って学校に行って。

週末の休みもちゃんとあるのに、
春休みもあって、夏休みもあって、冬休みもあって。
そんな毎日を繰り返している。

「自分の好きなことをする時間」はたっぷりあるのだ。
なんて気楽でしあわせな世代。そして、時代。

でも。

大人になって仕事に就いたら、
今やっている「好きなこと」「やりたいこと」は
いつやるんだ？

ひょっとして、やれないの？

音楽の演奏だって、本づくりだって、絵画だって、写真だって、
映画づくりだって、料理だって、スポーツだって……

みんなみんな、やるのは大好きだけど、
これは、学生時代だからこそ、できることなのかな。
大人になったら、できなくなってしまうのかな。

そう考えたとき、むしずが走った。

短くて、あと4年ちょっと。
長くても、あと8年ちょっと。

好きなことを存分にやれる時間は、
それっぽっちしか残されていないという、驚愕の事実。

……これはマズイこれはマズイこれはマズイ！
そんな大人生活なんて、生き地獄じゃないか！！

……回避しなきゃ。どうにかして回避しなきゃ！

14歳の脳みそはそのとき、全力駆動し、
普段使わない電卓を高速で叩き始めた。

$+y-□×○÷=(\sqrt{} 2÷△+▽)-150×365x$・・・・

その次の日、わたしはある答えに行きついた。

「生き地獄のような人生を回避する絶対的な方法」を
思いついたのだ。

それから、10年の月日が流れた。

わたしはその思いつきから生まれた「方法」をとり、
自分でつくったルールにのっとり、
ある夢 〜 生き地獄とは正反対の人生を送ること 〜 を実現した。

つまり、ありがたいことに、
「毎日好きなことができる人生」を手に入れたのだ。

この世界には、
どこにでもいるような中学生の女の子が
ある夏の日に思いついた、
「毎日好きなことができる人生」を手に入れる方法がある。

この本は、
それが実現されてからさらに10年以上経った頃に
ようやくまとめあげられた、
女子のための『DREAM BIBLE(ユメカナ バイブル)』である。

GIRL'S DREAM BIBLE
— Contents —

#0 Introduction
#0-01 : Prologue　「夢なんて、叶うわけない」と思っているあなたへ p.12
#0-02 : About your Dreams　夢についての、いろいろ p.20
#0-03 : Create your Dreams　料理をつくるように夢をつくろう p.38

#1 Story
#1-01 : Days of the Childhood　小さな頃のこと p.46
#1-02 : What is my Dream?　14歳の夏の約束 p.54
#1-03 : Talk about your Dreams　みんな自分の手で自分の夢を消している p.66
#1-04 : Where there's a Will, there's a Way.　意志の力は何をどこまで変えられる？ p.78
#1-05 : Dreams really do Come True!　ユメカナ合宿が教えてくれたこと p.106

#2 YumeKana Method
#2-01 : Let's the YumeKana Lodge together!　ユメカナ合宿のすすめ p.124
#2-02 : A Miracle happens by your Power　ユメカナ合宿で459回めに奇跡が起きる p.136

#3 Happy × 10 project
#3-01 : About the Happy × 10 Design Drawing　Happy×10 逆算法って？ p.144

#4 YumeKana Rules
#4-01 : Change the Rules, for Tomorrow　あなたの夢を叶いにくくさせる間違った思い込み p.154

#5 Words about the Dream
#5-01 : For Time when you are Hard　それでも折れそうになったら p.192

#6 Conclusion
#6-01 : Epilogue　「夢なんて、叶うに決まってる」と思っているあなたへ p.202

#0 - Introduction

02 : About your Dreams

夢についての、いろいろ

About your Dreams　夢についての、いろいろ

Let's define the "Dream"!

夢を定義することから始めよう。

The meaning of "Dream"

学校で教わった夢の意味。

**dream 〔drím〕

[名]
1 夢;夢を見ている状態, 夢路;夢で見たもの
have a strange [a bad] dream　変な[悪い]夢を見る
awake from a dream　夢からさめる
go to one's dreams　夢路にはいる
interpret a dream　夢判断をする
Sweet [Pleasant] dreams !　おやすみ.
2 夢想, 夢うつつ(の状態), 夢(見)心地;白日夢;荒唐無稽(むけい)な想像, 空想, 妄想
a waking dream 白日夢
the dreams of youth 若者の夢想.
3 抱負, (将来の)夢, (めざす)理想, 目的, 目標 ((that 節))
his dream of becoming [to become] president　大統領になりたいという彼の夢
the man of my dreams　理想の男性
I have a dream.　私には夢がある(▼Martin Luther King 牧師の演説の一節).
4 ((主に話))夢のようにすてきなもの
She is a perfect dream.　彼女こそ理想の女性だ.
a dream come true　かなった長年の夢.
beyond one's wildest dreams　夢想だにしない, 信じられないほどすばらしい.
in your dreams((話))せいぜい夢でも見ていろ.
like a dream((主に話))非常に上手く[好調に].

人間の三大欲求って、
「食欲」
「睡眠欲」
「性欲」
だよね。

でも、
それと同じ次元で
「夢実現欲」ってのが
あると思う。

つまるところ、
夢を叶えることは、
人間の「本能」なのよ。

「アレが食べたい！」
そういうのも、
ひとつの夢。

夢はもともと、
「パイロットになりたい」
じゃなくて、
「空を飛びたい」
じゃ、なかった？

夢は、感じるもの。

就きたい職業、掲げたいステイタス。
その中に夢をはめ込もうとするのは、なぜ？

「パイロットになりたい！」
そう思う前に抱いた願いは、何だった？

「政治家になりたい！」
そう思う前に感じた憤りは、何だった？

「一流企業に勤めたい！」
そう思う前に大切にしたい人は、誰だった？

夢と向き合うとき、
アタマだけで考えちゃダメ。
器用にまとめようとしちゃダメ。

夢はもっと、肌で感じなきゃ。

夢は
叶えるためだけに
あるんじゃない。

夢は、
「叶えようとあがきながら
変化していくため」にある。

「叶えた先の未来に、
またあたらしい夢を描くため」にある。

夢は
現実の中でしか、
叶わない。

将来の夢も、
眠っているときに見る夢も、
夢って書くし、
英語だと「Dream」って書く。

だから……なのかもしれないけれど、
「夢と現実」なんて対比して使われたりする。

……でも。

夢が夢の中で叶っているだけじゃ、
ホントの意味でHappyには、なれないよ？

忘れちゃいけないのは、
あくまで、「夢は現実の中でしか叶わない」ということ。

「夢は非現実的で、はかなくて、叶わないもの」
なんていう先入観があるのなら、
その先入観を、今すぐゴミ箱に投げ捨てよう。

#0 - Introduction

03 : Create your Dreams
料理をつくるように夢をつくろう

夢のチカラ。

夢って「不思議な生き物」みたいだ。

夢があると、びっくりするくらい頑張れるし、
自分じゃないみたいに成果をあげられることがある。
いつもの毎日が、もっともっと楽しくなって、
朝起きるときの気持ちも、違ってくる。
夢ってすごいな……ってのは、事実。

でも、いっぽうで……夢って、あまのじゃく。

わたしたちはきっと、
「夢は夢。叶わないのがあたりまえ」なんて思ってる。
アタマの片すみで。
さもなくば、
「カンタンに叶うような夢なら、そんなのはさして夢じゃない。
目標とか、予定とか、そういうの」なんて思う。

つまり、「いかにも夢らしい夢」なんて、そうそう存在しない、と。

でも……本当にそうだろうか。

「夢なんて、叶うわけない」と思っているのと、
「夢なんて、ないし」って思っているのは、
じつは「同じこと」なんじゃない？

だったら、
「夢は叶うもの」だと思えた途端、
どんどんあたらしい夢が生まれてくるともいえるよね？

「旅に出れば夢が見つかる」なんて思ってない？

夢を探しに……とか、自分を探しに……とか、
そういう理由を掲げて本当の「旅」に出るのは、
もうやめにしませんか？

たしかに、知らない世界に足を踏み入れて、
あたらしい刺激を受けると見えてくることはある。
たしかに、視野を広げて日常から離れることで、
学べることもたくさんある。

……でも。

真の自分も、夢も、外に向かっていったところで、そこにはいないよ。
自分の中の奥の奥、いちばん入り込んだところに、それはあるのだから。

旅に出てもいい。
だけど、夢探し、自分探しを大義名分にして旅に出るんじゃなくて、
フツーに旅しようよ。いいじゃん、それで。

旅は手段じゃなく、目的になれるもの。手段に収めちゃ、かわいそうだよ。
夢だって、そう。
最初からあるわけじゃない。いろいろやっているうちにできてくる。

「夢を探す」「夢を見つける」なんて言い方をするけれど、
夢ってどこかに落ちていたり、配られたりするものじゃないよ。

もしも、
「夢は持ってなくて」「わたしには夢がなくて」と嘆くヒマがあったら
自分のその手で、つくればいい。

賢すぎるから、ダメなんだ

「これがわたしの夢だ！」なんて、
今まで一度も思ったことのない、あなたへ。

アタマが良かったり、おりこうのクセがついていると、
モノゴトをむずかしく考えすぎちゃうものだよね？

感じる力を犠牲にして、
考える力に支配されると、
人はどんどんカタくなってしまうよ。

むずかしく考えすぎても、あんまりイミがない。

アタマをやわらかくすると、
夢は今すぐにでも、どんどん生まれてくるハズ。

「これが夢かも？」って一度も思ったことがなければ、
まずは夢について深刻に考え込むのをやめてみよう。

#1 - Story

01 : Days of the Childhood
小さな頃のこと

好きなことのやり方

幼少期はとても引っ込み思案で、
人見知りをするような子どもだったので、
どちらかというと、室内でひとりで遊んだり、
すごく仲のいい友だちの家に遊びにいって、
部屋の中でモノを描いたりすることが好きだった。

一緒に遊ぶ人数が増えると、落ち着かなかったし、
幼稚園に初めて連れていかれたときは、不安で不安で、
「帰れるもんなら脱走して帰りたい」と強く願ったほど。

とくに、
「みんなの前で目立つことをやる」ということに対しては、
尋常ではないくらい、怯え、抵抗していた。

今でも覚えているのは、母の日が近づいた、ある日の出来事。

幼稚園の担任の先生が、
「みんなでお母さんの似顔絵を描きましょう」なんて言っている。

真っ白い画用紙が１枚ずつ与えられ、
みんなで「サクラクレパス（１２色）」を道具箱から出して、
楽しそうに、お母さんの似顔絵を描いていく。

その中で、わたしはただひとり、「声にならない抵抗」をずっと続けた。

お母さんの似顔絵を描けないわけではない。
ひとりでいるときに描いて、お母さんだけに見せるなら、きっと描ける。
でも、みんなと一緒に描いて、

できあがったものを先生や友だちに見られるなんて、超あり得ない、と思っていた。

（ムリムリムリムリムリ………！！！）

松本えつを５歳、
その幼い身体全体に響き渡って、自分の中だけでこだまする「拒否反応」。

１時間が過ぎて、
「せんせい、さようなら。みなさん、さようなら」の時間が迫っても、
わたしの画用紙は、真っ白のままだった。

みんなの描いた「お母さんの似顔絵」を集めて
「上手に描けたわねぇ、○○くん」なんて言っていた先生が、
わたしの画用紙を見て、こう言った。

「えっちゃん、時間が足りなかったかな？　もうちょっと頑張ってみようか。
おウチで描いてこれる？
おウチだったらお母さんが目の前にいるから描きやすいかもね！」

（ちょっ、そういう問題じゃないんだよ！）
もちろん、わたしは無言を貫いた。

ただ、その出来事はしっかり「れんらくちょう」に書かれ、
母に伝わり、
わたしは帰宅後から23時まで、
リビングで真っ白い画用紙を前に思い悩むことになったのだ。

**「先生やみんなに見られるくらいなら、描きたくない。
でも、描かないと、お母さんがきっと、悲しむ……」**

そんなことをぐるぐる考え、

23時になると母に「もう寝なさい」と言われ、布団に入り、
次の日は朝5時に起きて、また画用紙を前にぐるぐる悩んだ。

幼稚園に行くと、先生に「描けなかった」と報告し、
帰宅するとまた、23時までぐるぐる悩み、
朝5時からまたぐるぐる悩む。

そんなことを1週間続けた果てに、
わたしはついに、お母さんの似顔絵を描いた。

ものすごい重さの勇気と、
たぶん人生で初めての「あきらめ」みたいなやつを振り絞った成果だった。

描けた似顔絵を幼稚園に持っていって先生に見せると、
先生は大げさに褒めてくれた。

「これで良かったんだ……」
そんなふうに自分に言い聞かせながら、
それでも、ほかの子たちの目に触れさせることはやめてほしいと願った。
掲示するなど、もってのほか。

しかし、絵はあっけなく掲示された。

それぐらい、わたしは、人前に作品を出すことが大嫌いだった。

でも、絵を描くことは大好きだった。
お話をつくるのも大好きだった。

ひとりでいるとき、
友だちとふたりだけでいるとき、
家族といるとき……など。

**ほかの誰にも見せない、見られないという前提でなら、
ずっと絵を描き続けていられた。**

毎晩、お布団の中に入ってから寝るまでは、
オリジナルのお話をひとりごとのように語るのが大好きだった。
膨らませたお布団の中に、たくさんのキャラクターが出てきて、
毎晩、スペクタクルなドラマを展開していた。
しあわせだった。

まだ幼稚園児だったのに、
きっと自意識過剰だったんだろうと思う。
好きなことはあるけれど、好きなことを楽しんでいるところを「**見られるのが嫌**」。

そんな幼稚園時代を経て、わたしは小学生になり、
とある先生に出会った。

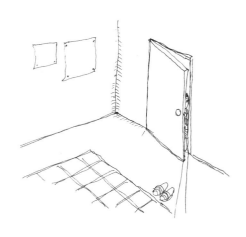

大好きなこと、もっともっとやりなよ！

小学校に入学してすぐの担任は、
絵が大好きな女の先生だった。

詳しい経緯は知らないけれど、
ある日、母が、その先生の自宅にわたしを連れていってくれた。

玄関先に、鳥の形をした陶芸作品があった。
奥の部屋に行くと、数々の絵画があった。
そのほとんどが、その先生の作品だった。

わたしは、一気にその先生のファンになった。
だって、学校の先生だと思っていたけれど、
それだけじゃなかったから。

むずかしいことはわからないけれど、
とにかく、先生が描く絵が、素敵だったから。

その日、先生がわたしに言ってくれた。
「いろいろと気にしないで、大好きなこと、もっともっとやりなよ！」

そんな言い方だったかは、覚えていない。
でも、
「小学生になって最初にわたしに勇気と自信をくれたのは間違いなくその先生だった」
ということは、今でも記憶に残っている。

そして、大人になってわかったのは、
きっと、「母の願いがそうさせたのだろう」ということ。

知らないところで、母が先生に頼み込んだのかもしれない。
娘に自信をつけさせる方法を懸命に考えて。

**どうしてこうも、世の中の女性は、
誰かのためには一生懸命になれるのだろう。**

幼稚園のとき、人目を気にして、
母の日の似顔絵を1週間もの間、描けなかった自分。

そんな自分を見て見ぬ振りをしながら、
毎日応援してくれたうえに、
小学校にあがってすぐに、絵が上手な先生の家に連れていってくれた母を、
心から尊敬してやまない。

その日から、わたしは、少しずつ、
人前に作品を出すことができるようになっていった。

#1 - Story

02 : What is my Dream?
14歳の夏の約束

大人になったら、どうなっちゃうの？

中学生になる頃には、人前に作品を出す恐怖症はだいぶ払拭されていた。

学校では「書記」を買って出るようになったし、
趣味でたくさんの書き物をしていたし、
美術の課題はちゃんと指定通りの期日に提出していた。
「描くこと」「書くこと」が好きだったから。
そして、「好きなこと、もっともっとやりなよ！」という言葉をもらったから。

好きなことはほかにもあった。
音楽やスポーツを中心に、たくさんの好きなことをやっていった。
もちろん、それほど人目は気にせず。

ただ、そんなしあわせな生活を送っていた、とある夏の日、
ふと大人たちを見ていて、ひとつの疑問が湧いた。
それが、Prologue で書いたようなこと。

「見渡す限り、大人たちは仕事をしている。
たぶん、自分も大人になったら働かなきゃいけないから、
今みたいに好きなことをたくさんやるわけにはいかないよね？
え？　大人になったら、どうなっちゃうの？」

その疑問を受けて、まだまだ未熟すぎる脳みそが高速回転した。

行きついた結論は、
「好きなことを仕事にする」という、あまりにもシンプルな答えだった。

14歳のわたしは、自分自身に約束した。
「好きなことを仕事にする。何がなんでも、する！」と。

とりあえず、夢を秤にかけてみた

でも、
好きなことを仕事にするためにどうしたらいいか、ということの答えは、
すぐには出なかった。
そもそも、好きなことなんてひとつじゃない。

「ひとつに絞れない」ということ。
まず、それがすごくダメな気がする。

だって、おそらく、仕事にしたいなら、
「どれもこれも手に入れよう」なんてことは、
ムシが良すぎて、神さまに見捨てられそうじゃない？

どっかで聞いた、
「二兎を追うものは一兎をも得ず」って言葉だって、
そういう意味でしょ？

「その仕事をする人になる」という前提なら、
どれかひとつにするべきなんだろう。
でも、どれも捨てきれない。

それから数週間。
わたしは「仕事としての夢たち」をいろんな秤にかけた。

・能力的に叶いそうな度合いを量る秤
・コスト的に叶いそうな度合いを量る秤
・時間的に叶いそうな度合いを量る秤
・血筋的に叶いそうな度合いを量る秤
・縁故的に叶いそうな度合いを量る秤

だけどけっきょく、
どの秤で量っても明確な違いが出なかった。
どれも似たり寄ったり。
じつに低レベルな争い。

仕方がないから、わたしは最後にひとつ、
別の秤で量ってみることにした。

・今まで「**自分から**」取り組んできた度合いを量る秤

その秤で、ぶっちぎりの１位が決まった。

それが、「**本をつくる人になる**」という夢だった。

誰に強制されるでもなく、
ひとり、自ら、日々、やってきたこと。

書くこと。描くこと。お話をつくること。

それを仕事にしよう。

１４歳の夏のある日。
大きなひとつの夢が定まった。

ユメカナの神さまの気持ちを考える

仕事としての夢がひとつに定まったあとも、
わたしはしばらくモヤモヤしていた。

だって、夢が絞れたところで、その夢が叶う確証なんてないし、
強引に夢を叶えられそうな方法を編みだしたわけでもないし。

今、たとえ夢が決まったって、
その夢が叶わなかったら、どうなの？
大人になって、好きでもないことに毎日8時間以上費やす生活を送るの？

それじゃ、問題はまったく解決されていないじゃない。

ひどく憂鬱感に襲われた。

……ふと、そのとき、もうひとつの変な疑問が湧いた。

「ところで、神さまっているんだろうか？」

わたしは無宗教で育ったため、
そもそも神さまの存在を信じてもいなかったし、疑ってもいなかった。
どっちでもかまわないと考えていたのだ。

でも、そのとき、ふと思ったのは、
**「どっちでもかまわないなら、いる前提で、
いろいろ想像してみたらどうだろう」**ということだった。

世の中も、人生も、きっと、仮説を立てて、実行して検証して……の繰り返し。
それならば、神さまがいると仮定して、

その神さまを味方につける方法を考えてみるのもいいんじゃないかな？　と。

みんなのことを空の上から見ていて、
頑張っている人の夢を叶えてあげる神さま、
もしくは、
人々の夢を管理・監督している神さま。

そんな「ユメカナの神さま」がいる、と仮定しよう。
そして、そのユメカナの神さまの気持ちになって、考えてみよう。

そこにヒントがあるに違いない。

ただのモヤモヤが、だんだんワクワクに変わってきた。

ユメカナの神さまを困らせる、という方法

このときのわたしの脳みそは、相当冴えていたと思う。
神さまの気持ちを想像すると、どんどんリアルにその心情が浮かんできた。

まず、空の上からみんなのことを見ているユメカナの神さまがいる。

あの子も、この子も、みんな頑張っている。
そしてあっちの子は別に頑張っていない。だけど、才能はあるらしい。
神さまの目の前に、そんな光景がある。

ふと目をやると、日本の神奈川県横浜市に「えっちゃん」という子がいる。
「才能はよくわからないけれど、夢に向かって頑張っているし、
とりあえず、しばらく定期的に様子を見よう」と神さまは思う。

それから数年に渡り、えっちゃんを見守っていた神さま。
あるとき、えっちゃんの異変に気づく。

「ん？　どうやら夢とは違うところに行きそうになっておる。
なぜじゃ？　外的要因によってか？　これはマズいぞ。
えっちゃんは、夢と違うことはいっさいできない人間になっているはずじゃ」

ユメカナの神さまは困る。そして、焦る。
えっちゃんが、どう考えてもできないような仕事に就く羽目になってしまったら、
社会に大きな迷惑がかかってしまうから。
世の中がそんな人で溢れてしまったら日本の経済も崩壊してしまうから、だ。

わたしはそこで、我ながらいいシチュエーションを想像できたと思った。
解が出たのだ。

**ユメカナの神さまが空から見ていてくれるならば、
わたしは、「本をつくる人」以外のことが何ひとつできない人になったら
どうだろうか！
それで、行けるんじゃない？**
という、解が。

そうすれば、**ダメになりそうなときに、
ユメカナの神さまが「操作」してくれるかもしれない。**

最後は他力本願的な考え。

でも、こんなラッキーなことに気づけて、なんてしあわせなんだろうと思った。
バカじゃないの？　と笑われるかもしれないけど、本気でそう思った。

そして、その10年後に、その通りのシナリオが再現されることになる。

できることを増やすのではなく、できないことを増やす

「本をつくる人」以外のことが何ひとつできない人になって、
ユメカナの神さまを困らせる状況をつくる、ということは、
つまり、
**ユメカナの神さまがわたしの未来をたった１方向にしか
転ばすことができないようにする**、ということ。

それは、言い換えると、
わたしが「できないことを増やしていく」ということ。

それまでは、夢を叶えるためには、
「できることを増やす」のがいちばんだと思っていた。

だけど、ユメカナの神さまがいると仮定したら、
じつは、その逆、
「できないことを増やす」ほうが、圧倒的に話が早いのだ。

**「この子は、この方向にしか転ばすことができない。
だって、それ以外にできることが何ひとつ、"ない"のだから」
神さまにそう思わせたら、勝ち**である。

その日からわたしは、
たったひとつの夢に向かうためのことを除く、
その他すべてのものを極限まで切り捨てていった。

ようは、
**夢に据えおいた「本をつくる人になる」ということに
役に立ちそうなことは、やる。
役に立たなそうなことは、切り捨てる。**

そういう判断基準ですべての行動を選んでいったのだ。

たとえば、学校の科目も、
夢につながりそうな科目だけ頑張って、
あとは捨てる。0点上等！

アルバイトを探すなら、
どんなに悪条件でも、夢につながりそうな内容のものを選ぶ。
あとはやらない。やれるような人間にならない。

友だち関係もそう。
遊びに誘われると全部行きたくなってしまうけれど、
ぐっとこらえて、夢につながらなそうな誘いは断る。

残忍な部分もあったが、そこまで徹底しようと決めた。

そうしてみて、実感した。
できることを増やすよりも、できないことを増やしていくほうが、簡単。
しかも、**できないことを増やしていると、自然と、**
たったひとつのやりたいことに向かう時間とパワーが、増えていく。

これはもしかして、
確率論的に相当いい線いくんじゃないか？

数学は嫌いだったし、とりあえず早々に捨てる候補に入った科目だけど、
夢を叶えられる確率を計算したかったから、
そのための確率論法と方程式だけは勉強しておこうと思った。
そして、それ以外は捨てた。全部捨てた。
できてたまるか、と思った。

今でも思う。

**「できることを増やすのではなく、
できないことを増やしていけばいいんだ」**
という気づきは、自分の10代において、
いちばん大切な発見だったのではないだろうか、と。

その日、わたしはふたつの単語をノートに書いた。
「**ユメカナの神さま**」と「**ユメカナ合宿**」。

人々の人生と夢を空の上から管理・監督しているのが「ユメカナの神さま」。

そして、できることじゃなくて、できないことを増やしていくこと、
つまり、夢を叶えるための合宿が、「ユメカナ合宿」。

合宿といっても、実際にどこかに泊まり込むのではなく、
泊まり込んでいるかのように、生きる期間のこと。

普段の生活ならフツーにできるようなこともできなくなるような、
夢を叶えるために関係のない余分なものを極限までそぎ落とした、
特別な期間のこと。

運転免許を、通学じゃなくて、合宿で取得するのと同じような感覚で、
夢を叶えていこうよ、という発想。

 14歳の夏の日、
わたしはユメカナ合宿を始めた。

それから10年ほど、
その合宿は続くことになる。

そう、無事に免許が取れるまで。

#1 - Story

03 : Talk about your Dreams
みんな自分の手で自分の夢を消している

夢を語るということの意味

小さな頃「大きくなったら何になりたい？」と聞かれたことはないだろうか。
あるんじゃないかなぁ。

大人たちが、
「なりたい自分を想い描くことは、
人生を素晴らしいものにするためにはとても大切なのですよ」
というようなことを、
子どもたちに教えておきたいと思っていたからなんだろうな。

子どもたちにとって、
将来のことを想い描くことは、本来は「楽しい作業」のはず。
だって、未来は白い画用紙。どんな色で何を描くかなんて、全部自由なのだから。

だけど、**年齢を重ねるにつれ、不思議と、**
「夢を想い描き、語ること」が、
それまでのような「楽しいだけの作業」ではなくなり、
「ちょっとプレッシャーを感じる作業」になってくるのも、また事実。

なぜなら、その頃にはもう、いろんな知識が積み重なってきて、
「夢は絶対叶うとは限らないものである」ということも知ってしまっているから。
叶わないかもしれないことを口に出すことは、
多かれ少なかれプレッシャーだよね？

もっと大きくなって、成人すると、さらにその傾向は強まり、
将来の夢を語ること自体に、恥ずかしさを感じるようになる。

つまり、語れたとしても、
「○○になりたいと思ってはいるけど、才能ないから、

現実的には□□を目指して学校に行ってるよ」とか、
「○○になりたいと思ってた時期もあったなあ。
でももう遅いだろうし、今は家事と育児で手一杯！」とか、
誰かに夢を伝えることはできても、同時に、
**その夢が叶わなかった理由や、その夢を追っていないことへの言い訳を、
予防線として張ってしまったりする**のだ。
恥ずかしさゆえに……。

でも、そうなってしまうのは仕方ないことなのかもしれない。

だって、高校や大学や専門学校への進学・就職・アルバイト……、
そういったものを経験しながら、つねに、
「自分が社会の中で、どのくらいの位置にいるのか」
「自分の要望（夢）は、社会に必要とされているのだろうか」
ということを、考えざるを得なかったわけだから。

それに、
テレビやインターネットや雑誌などの情報から、
絶えず「常識」が刷り込まれているのだから。
遠慮したり、謙遜したりも……するよね？　当然。

実際、わたしも、そうだった。
14歳のときに「本をつくる人になる！」と決めて、
そこに向かってユメカナ合宿をしながらいろいろやってきたものの、
**あるときから、急に、その夢を語ることが、
ひどく恥ずかしくなり始めていた**のだ。

自分の夢はみんなの夢と同じ、という勘違い

ユメカナ合宿を始めて5年め。わたしは大学生になっていた。

当時のわたしは日本大学の芸術学部に在籍していて、
周りには、作家になりたい、編集者になりたい、などという人がたくさんいた。

その頃の芸術学部には、
映画・放送・写真・美術・文芸・音楽・演劇の7つの「学科」があり、
映画監督・脚本家・映像作家・写真家・画家・小説家・音楽家・俳優 etc……
それぞれの職業にぴったりの素質を待った作家のたまごさんたちが、
大学内にひしめき合っていたのだ。

そんな中で、わたしはこう思った。
「こんなに才能のありそうな人たちが、
みんなつくり手になりたいんだから、
わたしなんかが本をつくる人になりたいという夢を語るのは
おこがましいかも……」と。

つまり、環境ゆえに、そして自信のなさゆえに、何よりも恥ずかしさゆえに、
自分の夢に対して(もしくは社会に対して)遠慮してしまっていたのだ。
5歳のときの自分の自意識が再び顔を出したとも言えるのだろうか。

ところが、そんなとき、自分にとってかなり衝撃的な出来事があった。
ある日、1年生の体育の授業で出会った映画学科映像コースの友人Gくんと、
他愛もない話をしていたときのことだ。

　　Gくん：オレさ、こないだまで、世の中の人がみんな映像撮る人に
　　なりたいんだと思ってたんだ。

えつを：あ、バカだね。そんなわけないじゃん。

Gくん：うん、こないだ初めてそれを知って、すげえびっくりした。

えつを：うん、ほんとにバカだね。

Gくん：いや、サブ（当時のわたしの、Gくんから限定のあだ名）、
さっきからオレに「バカだね」を連発しているけど、サブだって、
そう思ってなかった？

えつを：思うわけないじゃん。映像カメラマンになりたいなんて、
今まで一度も思ったことないよ。

Gくん：いや、そうじゃなくて！　サブだったら、
……作家？　絵描き？　モノ書き？
そういうのになりたいのはみんな同じとか、思ってなかった？

えつを：ん？　あ、思ってた。……ってか、ホントは思ってる。今も。

Gくん：だろ？　つまり、そういうことだよ。
オレだって、自分の夢が、みんなの夢とかなりかぶってるって、
思い込んでたんだ。
で、疑わなかったのね。
けど、いろんな人に聞いてみたら、じつはまったくそんなことなくてさ。
たまに同じ夢の人に出会うこともあるんだけど、そうはいっても、
オレが思ってたほど多くない。
それを知って、心底おどろいたよ。

えつを：どーーーーーーん。なんだか、今、わたしもかなりおどろいた。

その後、わたしはしばらく考えた。そして、気づいた。

**「みんなの好きなことって、
わたしが思っていたよりも、ずっとバラバラだったんだ!」**
ということに。

それは、くだらなすぎて、あたりまえすぎる発見だった。
だけど同時に、次の発想につながる、とても重要な気づきだった。
次の発想とは、こんなようなことたち。

 好きなことはみんなバラバラ。
 この学部の人たちの中でも、本をつくる人になりたいと思っている人は
 意外と稀なのかもしれない。
   ⇩
 それどころか、みんなにとってみたら、
 本づくりってジャンルがそもそも興味外かもしれない……。
   ⇩
 つまりは、互いに夢を公表し合っても、ほとんどのケースで
 ライバルにさえなり得ない、ということだ。
   ⇩
 とすると、今までわたしは何を遠慮していたんだろう。
 遠慮したり、謙遜したりすることがお門違いだったな。
   ⇩
 もしみんなが好きなことを仕事にしてばかりいたら、
 バランスが偏って社会が機能しなくなるって思っていたけど、
 バラバラなんだもん。
 偏らないじゃん。むしろ上手く廻るんじゃん?
   ⇩
 あれ? ……ということはもしかして、好きなことを仕事にするって、
 ある種の「社会貢献」になるんじゃない?
   ⇩
 ならばわたしは、自分が本をつくる人になりたいって、もっと周リに言おう。
 そして、そこに向かってもっと堂々と行動しよう!

　　　　それどころか、使命だと思って動こう！（←ユメカナ合宿……）

こうして書いてみると、かなり稚拙でIQが低そうな発想力だが、
この出来事をきっかけに、わたしは……
「大人になって声を大にして夢を語れなくなった」という哀しい状況から、
新しい一歩を踏みだすことができたのだ（ある意味、稚拙で救われた）。

そして、引き続きユメカナ合宿を行い、
それから５年くらいのちに、大きなひとつの夢を叶えることになる。

あのとき、Ｇくんがあの会話を振ってくれなかったら、
わたしは５年めにしてユメカナ合宿を中断し、
今でも、世間に遠慮したり謙遜したりして、
夢から目を背けたままだったかもしれない。

今頃どうしているかもわからないＧくんに、あらためて感謝の念を送ろう。

みんな自分の手で自分の夢を消している

自分の夢は、きっとみんなと違うよ。

人間って、自分のアタマの中のことしかわからないから、
何かひとつ好きなことがあると、
それをみんなも好きなんだって勘違いしやすい。

意識しないと、ついつい、
「みんなも自分と同じように考えている」って思っちゃうんだね。

将来の夢についても、同じだよね？

たとえば、自分が「歌手になりたい」と思って頑張っているうちに、
「きっとみんなも歌手になりたいんだろうな」と思ってしまいがち。

その結果、夢を語ることが恥ずかしくなったり、
夢に向かって何かをすることに遠慮しちゃったりする……。

ニッポン女子の、悪いクセ。

学校では、クラスのみんなと仲良く、協力しあって、
学び、遊び、成長するように教えられた。

シューカツなんかすると、組織に溶け込み、馴染みながら、
その状態で上手に成果をあげることを求められた。

そんなこんなで10年以上も過ごせば、
自分が欲しいものや、なりたいものに手を伸ばしたり、
それを叶えるためにアレやコレやすることは、
ちょっと差し出がましいかな……なんて思うようになるよね？

みんな、なんて「お人好し」なんだろう。
でも、現実問題、それは、
「お人好し」であって、
「おりこう」ではない。

あきらめるのって、
おりこうですか？

好きなことや、夢に
全力で向かっていかない生き方では
なかなか「社会貢献」もできないし、
周りの人をしあわせにすることもできないよ。

あきらめることがおりこうだと
思っているなら、
今すぐ、おりこうをやめよう。

あきらめることがおりこうだと
思っていなくても、
周りの人をもっとしあわせにしたいなら、
今すぐ、あきらめることをやめよう。

#1 Story / 04：Where there's a Will, there's a Way. 意志の力は何をどこまで変えられる？

#1 - Story

04 : Where there's a Will, there's a Way.
意志の力は何をどこまで変えられる？

感じられない日々

ユメカナ合宿を始めてから7年め。
わたしは大学3年生になっていた。

その頃、家庭では、
7歳下の妹が、中学校の階段の踊り場から落ちて頭を打ち、
記憶を失ってしまうという事故が起きていた。

その事故がきっかけとなり、妹は半年ほど、
学校に通うこともままならない状態にいた。
(これを詳しく話すと本1冊以上になるのでここでは割愛する)

その妹の事故に紐づいての母の体調不良と情緒不安定。
父は長期に渡り東北に単身赴任中。
兄はすでに家を出ていて他県に住んでいた。

つまり、我が家は男性陣が不在、
事故と病気を抱えて、ガタガタだった。

時を同じくして、どこか「完璧主義」に寄っていたわたしは、
ユメカナ合宿のストイック具合がいきすぎて、どんどん眠らなくなっていた。
最長でも「1日4時間」が限界。
それ以上眠る自分は絶対に許せない、というところまでいっていた。

家で事故が起きれば、
その対応、フォローには何を差しおいても自分が出ていくべきだ、と思っていた。

自分ルールをつくりすぎて、それに縛られて過ごす日々。

合宿7年めで、わたしは身体を壊した。心も壊した。

友だちも減り、恋もできなくなり、
体重は見る見る間に15キロ近く落ち、
子宮は萎縮、生理は止まり、医者にも呆れられた。

担当医から、**下垂体機能不全**と告げられた。それも、かなり重度の。

「これじゃ将来、子どもを産むのは無理ですね。
でも一応治療は続けてください。10年続けても治るかわかりませんけど」
と、吐き捨てるように言われて、
わたしはやけに冷静に、
「ただでさえやる気をなくしているところに、
ずいぶんとやる気が起きないようなセリフをくれたもんだ」
と思った。

家では、
テレビで芸人さんがどんなに面白いことを言っていたって、
妹がそれを観て笑っていたって、
少しも笑えなかった。

微笑ましいものを見ても心から微笑むことは不可能。
話しかけられたときにできるのは、せいぜいつくり笑い。

それだけじゃない。
どんなに悲しい出来事に直面しても、悲しいという感情が湧き起こらない。
涙なんて、いっさい出ない。

ただ、
「何も感じられていないんだな。もはや、人間じゃないみたいだな」
というリアルだけを、淡々と受け止めていた。

ついにユメカナ合宿から離脱の危機か？

「人間じゃないみたいだな」と思っていても、
とりあえず、生命体としては存続していたから、
わたしは、
どんなにフラットな心の状態が続いてしまうとしても、
ユメカナ合宿だけはやめないでいよう、と考えた。

この状態でユメカナ合宿をやめてしまったら、
生命体としての存続もできなくなると思ったから。

「感じないという傷み」も、
きっといつか、作品の題材になると、
なけなしの力でどうにか信じながら。

そうしているうちに、わたしは大学を卒業し、
ユメカナ合宿の一環として在学中からアルバイトさせてもらっていた
とある編集プロダクションに毎日通うようになった。

小さな編プロだったので、若ぞうの自分でも、そこそこ重役が与えられた。
わたしは大卒ホヤホヤの22歳にして、社長秘書であり、編集者だった。

朝から夕方まで事務所でDTP※や校正作業をし、
夕方になると社長に連れられて四ツ谷のしんみち通りに飲みにいき、
社長の愚痴をずっと聞いていた。
そして、終電で帰宅。
そんな毎日。

ときには、「出張校正※」というものに連れていかれたり、
ときには、地方取材班を引き連れて東北めぐり取材をしたりした。

現場経験がほぼ皆無にも関わらず、
取材の申し込みから新幹線やレンタカーの手配、
見知らぬ地で、ライターとカメラマンを乗せて取材地を巡る際の
専属ドライバーまでやらせてもらった。

そして7月、ある事件が起きた。

**大口顧客から依頼されている案件のムックで、
致命的なミスが発覚したのだ。**

誰もが知るような大きなビール会社がスポンサー。
その記事広告ページに商品一覧があったのだが、
イチオシの看板商品が掲載されて「いない」。

そのページのDTPを担当していたのは、わたしだった。

発覚した直後、
何がどう悪かったのかもよくわからない状態のまま、
社長に連れられてビール会社のお偉いさんのところに向かった。
そして、社長と一緒に土下座をした。
どうやら取り返しのつかない事態になっていたようだった。

制作中は広報部とやりとりしていて、
メインの商品を掲載するように指示や校正が入った記憶はなかったが、
その指示がなかったという証拠となるFAXゲラ※は
跡形もなく捨ててしまっていた。

入稿したからチェックゲラは捨てる。
そんな素人じみた考えが最悪の状況下で露呈したのだ。

DTP：「desktop publishing」の略で、コンピューター上で印刷物のデータを作成する作業のこと。デザインとは意味合いが異なる。
出張校正：印刷所に印刷データを入稿したあと、印刷工場に出向いてデータの修正や確認作業を行うこと。遠方の場合は泊まり込みになることも。
FAXゲラ：印刷物を入稿する前にレイアウトされたデータを出力し、修正指示などをFAXでやりとりしたもの。現在ではフルデジタル化により激減。

それに、仮にFAXゲラが残っていたとしても、
制作を依頼されている側が、
看板商品の不在に気づくべきだったのは間違いない。
それほどのスケールの、誰もが知る有名な商品だった。
もういかなるエクスキューズも通用しない。

土下座とお詫びの一部始終を済ませ、プロダクションの事務所に戻り、
社長がこう言った。

「広告費は１円も入らないことになったんで、
これで、３００万円の赤字だから。
……松本さん、向いていないよ。
……で、明日から、どうする？」

わたしは反射的に理解した。
これは「辞めろ」と言われている。

そして、次の瞬間、返事をしていた。
「辞めます。申し訳なかったです……」と。
ビール会社での土下座と同じくらい深く、頭を下げた。

その後、相変わらず涙が出ない状態だったわたしは、
使わせてもらっていたデスクをキレイに片づけて、家に帰った。

「本をつくる人になる」と決めてから８年が過ぎようとする頃、
ついにユメカナ合宿離脱のときがきたのかな……と、
フラットな心で、淡々と考えながら、電車に揺られていた。

車窓から望む景色は、ひとつも滲んでいなかった。

父の言葉

自分の致命的ミスにより、自主退職という形をとることとなった日、
家に帰ると、父がいた。

ちょうど週末で、単身赴任先から一時的に帰ってきていたのだ。

わたしは父に告げた。
「仕事、クビになっちゃった」と。

その理由も話した。
「向いていない」と言われたことも。
「もう、夢をあきらめようと思う」ということも。

すると、すぐに、父が言った。
「気にすんな。お前は悪くない」と。

それは、いっさい迷いのない、強いセリフだった。

「好きなことをやって、成果を出せ。
お前が30歳になるまでは何があっても最後は食わせてやるから、
そんなことでやめるな。思い切ってやれ」

自分に与えられている責任があったことも、
実際、自分のミスによって最悪な事態になったということも、
わたしは重々わかっていた。
そして、「それをわたしがわかっている」ということを、
父が、わかっていた。

あくまで、その前提での、セリフだったと思う。

10代の頃は衝突したりもしたけれど、
わたしにとって、父は、父親でありすぎた。

いや、父親であり、ユメカナの神さまだったのかもしれない。
そのくらい、偉大な存在だった。

気づくとわたしは、泣いていた。
それは、号泣と呼べるものだった。

何年ぶりかの涙に、自分でもびっくりしていた。
また泣くことになるなんて思っていなかったから。

父に助けられた「わたし」と「ユメカナ合宿」は、
その日はよく眠り、次の日にアルバイト情報誌を買いにいった。

そして、そこで探したのは、
「本をつくる人になる」ということには関係のない仕事だった。

ユメカナ合宿は、しばらくの間、休暇を取ることにしたのだ。
間違っても「離脱」ではない。

どの世界にもプロがいる

買ってきたアルバイト情報誌の中から、わたしは、
朝早くできる、健康的な仕事を探した。

そこで、目に留まったのが「**牛乳配達**」**のアルバイト**だった。

家にはワンボックスカーがあり、
求人広告には「持ち込みの車で配達のバイト可」と書いてある。

朝6時台に出勤して、4時間で配達するというお仕事。
「朝型」で、なんだか健康そうだし、
団地などの階段も昇り降りもあって、いい運動になりそうだ。

早速面接に行くと、担当の人に、怪訝な顔で言われた。
「本当に、このお仕事でいいんですか？」と。
どうやら芸術系の4大を出て23歳で牛乳配達というケースは、
ほとんどなかったらしく。
「**この子にはできないんじゃないか**」と思われていたかもしれない。

それでも、懸命にやる気を演出して、
バイトの面接を通してもらったわたしは、
翌週から配達を始めることになった。

初日には、先輩の配達に同乗させてもらう形で研修を受けたのだが、
先輩は、本当にスマートにかっこよく牛乳を配る。
すべてのコース、その日に配る種類も本数も完璧に覚えていて、
ものすごいスピード感で、4時間の配達をさらりとやってのけていた。

「頑張れば、わたしもできるようになるのかな」と、淡い期待を少し抱いた。

しかし……、現実はそう甘くなかった。

ひとりで牛乳配達をやってみて、衝撃的な事実が判明した。
「牛乳配達という仕事はわたしには高度すぎた」のだ。

季節は7月の終わり、ほぼ真夏。
牛乳やコーヒー牛乳、トマトジュースなどの瓶が入ったケースをいくつも積み、
その上に何十キロもの保冷剤を乗せ、
曜日ごとに決められたコースを通りながら
160軒あまりを4時間で回る、というミッションがあるのだが、
そのミッションがまったくコンプリートできない。

わたしがやると、まず、
「積み込みに時間がかかる」、
「コースを異常なほど間違える」、
「配る種類や本数も間違える」、
「地理感覚が致命的に低いためにデフォルトで迷子になる」、
「やたらつまづいて、牛乳瓶を落として割る」、
ひどいときには、
「トマトジュースを玄関先に撒き散らして流血騒ぎになる」……などなど。

そして、何よりも、
「どれだけ急いでも、配り終えるまでに7時間かかる」というドンくささ。

本来なら4時間で配らなくてはならないところを
真夏日のもとで7時間かけて配達していたら、
保冷剤も溶け、牛乳だって腐りかねない。
「腐った牛乳」なんて配ってしまったらそれこそ食中毒問題。一大事である。

最初のうちは、
「始めたばかりだから」

「慣れれば上手くできるようになるさ」
などと自分に言い聞かせていたのだが、
２ヶ月めに入っても一向に改善できない。

これは、どうやら慣れの問題ではないらしい、と
さすがに気づき始めた。

マジ、先輩リスペクトである。
あの先輩は間違いなくプロフェッショナルだったのだ。

そして、３ヶ月めに入ると、
自分はいよいよ、かなりの挫折感を感じ始めていた。

これは、ずっと続けていても……無理なんじゃないかな。

でも、それもそのはずである。

わたしは、休憩中とはいえ、
これまで９年くらいユメカナ合宿をしてきて、
できないことを増やし続けてきた人間だ……。

**そんな自分に、牛乳配達なんていう高度なことが
たったの数ヶ月でできるようになるわけがない**。

そのときわたしは、ユメカナの神さまの存在を思い出していた。

まさに今、神さまが空の上で困っているんだ。
「やべぇよ、このままじゃやべぇよ」なんて焦っているに違いない、と。

「このままでは、社会に迷惑をかけてしまう。
いや、もう、すでに迷惑をかけている。

あの子の人生をなんとか方向転換させなくては！」と。

そして、わたしはというと、
せっかく雇ってくださった牛乳配達の会社には
本当に申し訳なさでいっぱいだった。

「おはようございます。今日もすみません」と言って、
昨日より今日、1分1秒でも、早く配達できるように……と、
地道に努力する以外できなかった。

その数日後、ユメカナの神さまが
ついにアクションを起こしてくることになる。

細川くん

かなりの挫折感を感じながらも、
なんとか、だましだまし牛乳配達を続けていた真夏の日、
高校時代のクラス会があった。

卒業して5年め、
久しぶりに会うクラスメイトはみんなちっとも変わっていない。

その会の参加メンバーに、**細川くん**という男子がいて、
たまたま隣の席に座っていた。

「今、牛乳配達をしてるんだけど、本当に出来が悪くて……自分が嫌になるよ」
などと近況を話すと、細川くんがこんな提案をしてくれた。

**「俺の演劇部の先輩が、出版社のチームをつくり直すタイミングにいて、
本をつくれるような人を探しているんだけど、行ってみたら？」**

「え〜。でも、しばらく本づくりは……いいよぉ……」

わたしは、正直そんなに乗り気じゃなかった。
牛乳配達であんなに挫折感を味わっていたくせに、
かといって出版関係の仕事に戻るイメージは湧かなかったのだ。
「**看板商品不在、からの実質解雇事件**」がまだ尾を引いていたから。

許されるなら、心の骨折が治るまでもうしばらくは、
ユメカナ合宿を休憩しようと考えていた。

でも、細川くんは、穏やかに言う。

「とりあえず、見にいってみれば？
やる、やらないは別として」

そして、この本の出版社だよ、と、１冊の本を紹介してくれた。

『ヘブンズ・ドア』※（サンクチュアリ出版）

現在では新装版が発売されているが、
当時はまだ新装版になる前のもので、極めておとなしめなデザイン。

家に帰って読んでみると、
見た目以上に面白い内容のものだった。

数日後、わたしはサンクチュアリ出版の事務所を訪問することになる。

『ヘブンズ・ドア』：サンクチュアリ出版から発行された第１作めの本のタイトル。創業者の高橋歩のデビュー作であり、自伝。

ヘンテコな出版社

約束をとりつけて、ある日、
三田にあるサンクチュアリ出版の事務所を訪れた。

１階がラーメン屋の、三角形の小さなビル。
まず、わたしは３階だか４階だかまであがった。
エレベーターの扉が開くと、ロビーなどはなく、いきなり室内。

最初に降り立ったフロアの室内には
着替え中の**軌保博光氏**（現「**てんつくマン**」）がいて、
「こ、こんにちは。サンクチュアリ出版に来ました」と言うと、
芸人っぽく大げさにうろたえながら、
「サンクチュアリ出版は７階やで？」と天井を指差して答えてくれた。

そして、教えてもらった通り、７階まであがった。
ドアが開くと、やはり、いきなり室内。
しかも、めちゃくちゃ散らかった室内。

どう考えても八百屋からパチョってきたとしか思えないような
ダンボール製の野菜の値札が壁に貼ってあったり、
本や雑誌が山のように積まれている背後に、
Ｔシャツや靴下が散乱していたり……。

そこは、出版社のオフィスの雰囲気とはほど遠く、どちらかというと、
運動部の汗と泥の臭いにまみれた部室のような空間だった。

そして、そこには、誰もいなかった。……と思った。

「すみません。すみません……？　誰か、いますか？」

「あのぅ……、光陵高校の細川くんの紹介で来た松本といいますが、
誰か……いませんか？」

とりあえず恐る恐る呼びかけ続けていると、
部屋の奥の方から、人の気配がした。

なんと、誰もいないと思っていた室内に、青年がひとり、存在していたのだ。
しかも、がっつり眠っていたようだ。

その青年は、わたしの存在に気づいて起きてきた。

金色の短髪で、まだ、若そうだった。
さらに、間違いなく起き抜けのくせに、けっこうテンションが高い。

「あ、ど〜もぉ！　俺、**４１６（ヨウイチロー）**です。ヨロシク！」
「あ、どうも……松本です。どうも」

そのあと、
現在でもサンクチュアリ出版の社長である**鶴巻謙介**氏（以後、**鶴さん**）も同席し、
２時間ほど話をして、ひとつの結論が出た。

「じゃ、来週から来てね！　よろしくお願いします」

そうして、わたしは翌週から、サンクチュアリ出版で働くことになった。
しばらくは、牛乳配達と掛け持ちで。

野菜の値札をどこでゲットしたのかは、聞けずじまいだった。

居場所を見つける

あとになってから、思う。

わたしは、サンクチュアリ出版を初めて訪問した日、
あまりのクレイジーな光景に度肝を抜かれ、
「ここが自分の居場所になるような気がする」と感じていた、と。

当時のサンクチュアリ出版は、第二創業期にあった。
創業者である**高橋歩**氏（以後、**歩さん**）が
会社を鶴さんに譲り渡して世界冒険に旅立つタイミングにいたのだ。

まだまだ小さな規模の出版社だったし、
そのタイミングでチームはいったん解散になることもあり、
わたしが入る頃にすでにいた出版事業専属メンバーは、たった３人。

現社長の鶴さん、金髪青年の４１６、それと紅一点の**ユウ**。
ほかにも同じビルで毎日一緒になって活動していた、
経理の**ニヘイアキラ**氏や軌保博光氏率いるチームがいたけれど、
厳密には別の事業体の所属だった。

２７歳にしてメンバー最年長の鶴さんは、営業の鬼と呼ばれるほど営業が大好き。
金髪の４１６は、当時まだ大学を辞めて間もなく、
噂では文章を書くことと歌うことが得意らしかった。
ユウは POP なイラストと尖った言葉を合わせて作品にすることが得意な
気鋭アーティスト。

そんな特異な若年層が集まったチーム。
しかし、これだと編集経験者がいない。

出版社というのは、すごく大雑把にいうと、
ある程度、**定期的に新刊を出していかないと
経営が成り立たない**、という仕組みにある。

これから第二創業ということで
本をつくらないとヤバいにもかかわらず、
編集に特化した役割の人がいないという状況は、
通常では超あり得ないことだった。

既刊を売りながら、とにかく１日でも早く次の本をつくる。
もしくは別の何かで売り上げを立てる。
さもなければ**明日には会社が潰れるかもしれない……**。
そんな状況であるともいえた。

まだまだすべてがこれからの、ゼロからの出発。

いや、事務所もあって、ひとり１０万円からの給与も存在し、
それ以外にも知らないところでいっぱいお金はかかっていたので、
ちゃんと売り上げを叩きだすまではマイナスが増えていく。

そう考えると、ゼロじゃなくて、マイナスからの出発だった。

なんの確約もされていない。
いつ潰れるかもわからない。

それでも、同世代の異色メンバーが集まったチームと
運動部の部室のような事務所は、
「放っておけない感」にも似た魅力をわたしに与えてくれた。

それは自己満足ゆえの感覚だったかもしれない。
でも、そうであってもなくてもどちらでもよかった。

そんなことより、とにかく、
「こういうリスキーなの、ワクワクするじゃん！？」
と思えたことがエポックメイキングだった。

身体も心も壊れたまま、人さまにご迷惑をおかけして、
自分には高度すぎる牛乳配達でさらなる迷惑をかけて自信喪失し、
誰の役にも立てていないというレッテルを全身に貼っていた自分が、
このとき、懐かしい感情を思い出していたのだ。

何年ぶりだろう。
ワクワクする、という感情が自分の中に芽生えたのは。

……にしても、ワクワクするって、
なんて強烈なパワーを持った感情なんだろう。

それから、それこそ『**毎日が冒険**』※な日々が始まった。

ユメカナ合宿の休暇は４ヶ月で終止符を打ち、
わたしは再び合宿所に乗り込むことになったのだ。

それは、当初、イメージしていたよりも、
ずっとエキサイティングな日々。

　突然のPV撮影に駆り出されて真夜中のドライブ
　家賃を払うのがもったいないから事務所に住む
　仲間のテレビ出演に便乗してテレビに出る
　そこに水があれば飛び込む
　企画会議でマジトークして毎回泣かし合う
　新刊が出るまで既刊をどんな手段を使っても売る
　ゲリラ販促イベントで警察に御用……

『**毎日が冒険**』：サンクチュアリ出版から発行された第４作めの本のタイトル。高橋歩著。自社３作めまでと異なり、高橋歩の弟である高橋実氏によって画期的なデザインが施され、自らが手がけたテーマソングCD付き。この本を持ってメンバーで全国を縦断した。

急カーブや高低差の激しいジェットコースターのような毎日で
男だの女だの健康だの不健康だの関係なく、
ほぼ全員が毎日アジトと呼ばれる事務所に住み込み、
笑ったり泣いたり怒ったり落ち込んだり……していた。

そうこうしているうちに、わたしは自分の変化に気づく。

少しずつ、心から笑えるようになってきている。
涙もちゃんと出る。怒りもちゃんと感じる。
一度失ったと思った「感情」のすべてが戻ってきている。

別に妖怪だったわけじゃないので、正確さに欠く表現かもしれないが、
いちばんしっくりくるのは、これ。

「人間になってきた……」
そう思った。

そんな中、わたしは「年功序列」でのちに副社長に就くこととなり、
結果的には「20代のほぼすべて」をサンクチュアリ出版で過ごすことになった。

意志の力が医師の言葉に勝つなんてことがあるのか？

感情が戻ってきたと感じても、
身体の回復はとくに見られず、無月経症状は続いていた。

医者が提示した治療は、
投薬と注射を、ある一定のサイクルに合わせて繰り返していく、
というものだったが、
あらゆる「やる気」をなくしていたわたしは、
その治療を最初の1ヶ月さえも継続できなかった。

もともと「子ども欲しい派」だったので、
素直に従ってみるべきだったのだろうけれど、
正直、「10年続けても治るかわからない」と言われた方法に
エネルギーを割くのはごめんだ、と思っていた。

そんなある日、ふとしたことがきっかけで、
歩さんと、そこそこゆっくり話をする機会があった。

たしか三田のアジトの近く。経緯は忘れた。
経緯は忘れたが、なぜかわたしは病気のことを話していた。
まだ治っていないから、子どもはたぶん産めないから、
代わりに本を子どもだと思って育てるつもり、と言ったかもしれない。

その流れで、歩さんが自信満々に言ってくれた言葉を今でも覚えている。

「でもそれさ、"この人との子どもが欲しい！"って思えるような相手に
出会ったら、一発で治ると思うよ。いや、ゼッテー治るよ！」と。

つまりそれは、意志の力が医師の言葉に勝つ、という意味合いだった。

医学的、科学的根拠を覆して、意志の力が未来をつくる。

そんな美談ともとれるようなことは本の中だけにしてほしい。
そう思う人も世の中にはいるかもしれない。

わたしだって、心が壊れていたときだったら、
にわかにまともに受け取れたかどうかわからない。

だけど、気持ちがすでに健全になっていた自分は、
きっとそうだ、と素直に思えた。

かくして、その３年後、見事にその通りの未来がやってくるのであった。

医学が間違っていると言っているわけじゃない。
意志の力が、まだすべて解明されていないだけの話だ。

美談じゃなくて、現実。

自分の絵本の企画書を出す、落とされる……の繰り返し

「本をつくる人になる」と決めて、
ユメカナ合宿を始めてから丸10年が経とうとしていた。

14歳だったわたしは24歳になっていた。

「本をつくる人になる」ということを広義で捉えたら、
すでに出版社に入って本をつくらざるを得ない状況にいたので、
「夢は叶った」ということになるのかもしれない。

だけど、わたしはあくまで、
**企画から執筆、編集、デザイン、DTP、営業、流通、販促……という
本の制作〜出版に関わるほぼすべての工程を
ひと通り自分でできるようになる**、というところにゴールを置いていた。
そこが「**免許発行のタイミング**」だと。

編集やデザインやDTPは、業務の中で担当するのがつねだったし、
営業も「全員が最低1年は、やってみる」というルールだったので、やったけれど、
執筆をすべて自分でやるという機会は、1度もなかった。

たまにこんな質問を受けることがある。
「**出版社の中にいると、自分の本の企画は通しやすいんですよね？**」って。
これに関しての答えは「**NO**」だと、わたしは思っている。

たしかに、
出版社の体制、体質、そのときの経営状況、その人の立ち位置などによって、
答えは変わるかもしれないけれど、
そんなに大した資本がない状態から出版社をやっていく場合、
往々にして、身内の企画はむしろ通りづらいと言えるのではないだろうか。

「出版活動を続けていく」「出版社を継続していく」という前提では、
やはり、「売れる本」を出していかなければならない。

本を出す、出さないという判断の基準から、
残念ながら、どうしても「売れる、売れない」というモノサシは、
はずせないのである。

ただ「身内だから」「仲間だから」「お世話になったから」……
などという要素をモノサシにして本を出していくなら、
別の方法で定期的な売り上げを立て続けていない限り、経営は続かない。

むしろ、企画や執筆に充てる時間やパワーをがっつりとられるわけだから、
中の人がそこに対して動くということが業務上のデメリットのひとつに
なり得てしまうのだ。

……というわけで、その**原理原則にのっとって、わたしの企画も、
出しては落とされ、出しては落とされ……を繰り返していた。**
それも、企画書を読まれることなく。

暴露してしまえば当時の企画会議なんて毎回、泣かし合いだ。
それぞれが持ち寄る企画のいいところを褒め合って
「売れるんじゃない？　これ」なんて盛りあがるような瞬間は
年に数回あるかないか。

**明日潰れるかもしれない状況で、
そんな悠長なこと言ってられるかってこと。**
借金が何百万円から何千万円に膨れあがって、
返す見込みもなくなってからでは遅いのだ。

とにかく今までになかったような企画を、
ほかの誰もが思いつかないような手法で、

警察に捕まるスレスレのラインまで既成概念を無視してやっていく。
そこに全員が人生をかけていく。
もう、それしかないのである。

そんな中、わたしは、
**デビュー作にしたいと考えていた『しゃらしゃらDays』の企画書を
ついに、「企画書ではない形」にして会議に出した。**

開口一番、「これ、企画書じゃないよね？」と言われたが、
「企画書じゃないと思ったら企画書じゃないけど、企画書だと思えば企画書だ」
と答えた。

なぜ「企画書ではない形」にしたのか。
理由は簡単だった。

これまで10回以上、この企画を出し続けてきたけれど、
一度もちゃんと読まれることなく、捨てられていた。
だから、今度は読まなくてもわかる形式にしようと思った。
それだけの話。

Ａ３サイズの紙に「**ちこら**」※の絵と「**ユタカ**」※の絵を描いた。
その絵の周りに彼らの会話を書いた。
わたしがこの本を通して社会の何を変えたいかを書いた。
売るための方法は死ぬ気で考えて全部実行すると約束した。

自分が出した企画が初めて相手にちゃんと「届いた」。

そして、企画は、通った。

だがしかし、
メンバーの疲労が限界に達していて判断力が鈍っていた可能性も、否めない。

ちこら：『しゃらしゃらDays』『ぼさぼさ』（ともにサンクチュアリ出版・松本えつを著）に登場する主人公のネコの名前。
ユタカ：『しゃらしゃらDays』『ぼさぼさ』（同上）に登場するちこらの親友の男子学生の名前。

ついに、免許取得？

『**しゃらしゃら Days**』は、
『**人生はかなりピクニック**』※（**山﨑拓巳** 著）と同日発売で、書店に並んだ。

ふたつの DTP データを 1 ヶ月ですべてつくったので、
わたしはもう、この本の産声と引き換えに死ぬんじゃないかと思った。

でも、まったく死ななかった。

というよりも、発売後は販促で忙しかったので、
死んでいるヒマなんて与えられない。

「売るための方法を考えて全部実行する」と約束した以上は、
ここで死んでは約束が違う。

**どうしてもお金をかけた販促はできなかったので、
アタマと身体を使うしかない。**

そんな理由から、
「よみよみ隊」なるものを結成して山手線ジャックをしたり、
すでにベストセラー作家だった山﨑拓巳氏に
多大なる協力をしてもらったりした。

もちろん、書店を著者が訪問する著者営業なるものも、
計画を立てて実行した。

全員の本気が重なって、本は売れた。
わたしの力は、その中のひとにぎりに過ぎなかった。
みんなが売った。売ってくれた。

ユメカナ合宿を始めてから丸10年とちょっと。

わたしはついに、ひとつめの免許を取得。

人生における、第1回めのユメカナ合宿が、幕をおろした。

#1 - Story

05 : Dreams really do Come True!
ユメカナ合宿が教えてくれたこと

本をつくり続ける日々

第2回めのユメカナ合宿のミッションは
「このヘンテコな出版社を潰さない」というもので、
第1回めのユメカナ合宿が終わる頃には、
水面下で、もうすでに始まっていた。

「本をつくる人になる」という、
「詳しく定義するとけっこうフクザツな夢」を
コンプリートさせてくれた場所はサンクチュアリ出版だった。

だから、わたしはその聖なる場所を潰さないことを
次のミッションとしたわけなのだけど……

これは、さすがに周囲には言えなかったし、
今でもきっと、誰も知らない。

だって、「会社を潰さない」なんて、
いつ潰れるかわからないと思っていたからそうした、とも解釈できるわけで。
仲間からしたら、「縁起でもねぇわ」という夢。

そして何より、
わたしは創業者でも社長でもないのに、
勝手に自分がそこまで背負っている気になってるなんて
本当の自意識過剰だと思われるのが関の山、と考えていたのだ。

だから、その言い方はせず、
「これからも本をつくり続ける」と言うことにしていた。
今思うと、これもただの自己実現の一環に過ぎなかったんだろうと。

第1回めのユメカナ合宿で免許を取得してから、およそ1年。

その間に起きた出来事をすべて挙げていたらキリがない。
どれもあまりにも強烈だった。

たくさんの失敗と成功を繰り返しながら、
クレイジーな弱小出版社は、仲間みんなの力で、
ちょっとずつ、大きくなっていった。

この時点でもうすでに、
第2回めのユメカナ合宿の免許は取得できていたのかもしれない。
自分では気づいていなかったけれど。

それを実現させたのは、まぎれもなく、
無知で向こう見ずで無鉄砲で、
「**20代、自分、自由。**」※**な彼らの力**にほかならなかった。

書きそびれたが、26歳になる頃には、わたしの身に
歩さんの予言通りのことが起きていた。
あらためて人を好きになることができ、無月経症状が治ったのだ。

身体を病み、治療をサボり続けてから5年後の奇跡は、
さも当然のような表情をしていた。

「20代、自分、自由。」：サンクチュアリ出版が創業から数年間に渡り掲げていたスローガン。

ヘンテコな出版社を卒業

本をつくり続けながら、30歳を目前にするところまできて、
わたしは「20代のアドベンチャー会社サンクチュアリ出版」を卒業し、
独立する決意をした。

三田のアジトを訪れたあの日から8年ばかりが経ち、
サンクチュアリ出版は第二創業当時の4倍以上の数の若人が集う組織になり、
出版点数も売り上げも当初とは比べ物にならないくらいに増えていた。

遅まきながら、「自分は役割を終えた」と思った。
ただ本をつくっていただけで、
ほかに別に何をした、ということもないのだけれど。
そして、「あたらしい20代がつくる、これから」に期待した。

最後の出勤日、わたしと同日に入社した**ジンジン**を筆頭に、
メンバーが編集部に花束を持って現れた。

「お疲れさま！」
「卒業おめでとう！」

いやいや、今さら疲れてないよ。
あ、やっぱりここは学校だったんだな。

そう思って、笑った。嬉しかった。

この出版社で、わたしは、
**奇跡だと思っていたことが奇跡じゃないような顔をして、
しれっと実現するものだ、**
ということを身をもって体験した。

出版活動に限らず、人生のすべてにおいて、それはいえると思った。
病気のことだって、すごくわかりやすい一例だった。

もちろん、ただ願っているだけですべてが叶うことは「ない」と思っている。
そんなことは、あり得ない。

でも。

願いや想い、知識や行動や技術や仲間……
そういうものたちが派生して連結・連動していった先に、
奇跡というものは、いとも自然に起こり得るものなのだ、と。

それを、これからの人生で、もっとたくさんの人に伝えていきたいと思った。

人生はユメカナ合宿の連続

第1回めのユメカナ合宿がスタートしてから
数えるのも億劫になるほどの年月が経った。

その後、生死をさまようような事故を経て、
わたしは「あること」のために、相変わらず、本をつくっている。

「あること」とは、
ニッポンの女性たちの自信と生きやすさを取り戻す、ということ。
ここ10年ほどは、そのために、
言葉を紡いだり、本を編んだり、学校をつくったりするようになった。

ひとつひとつの夢を追うごとに、経験や知識も増えてはきたけれど、
「やり方」は10代・20代の頃とほとんど変わらない。

幾たびも訪れる壁。
それに太刀打ちするかのごとく企てる、ユメカナ合宿計画。
そして、なりふりかまわず駆け抜けて取得する、ユメカナ免許。

思えば**自分の人生はユメカナ合宿の連続だったし、**
たぶんこれからもずっと、そうだと思う。

そして、多くの女子の話を聞いて、思う。

ぶっちゃけ夢なんて何だっていいのだ。
職業でなくても、社会に大きな影響を与えるということでなくても。

来月には母の誕生日があるから、
そのサプライズを仕掛けて成功させるんだ！

そういうのだって、立派な夢だし、
ユメカナ合宿を1ヶ月びっしりやれば成功すると思う。

好きな人ができたから、その人とふたりで食事をする。
それができたらユメカナ免許発行！
そういうのだって、すごくいい。

大切なのは、たったひとつ。
すごく、すごく、バカらしく聞こえるかもしれないけれど、
これは、やってみてほしい。

**できることを増やすんじゃなくて、
できないことを増やして、
ユメカナの神さまを困らせること。**

つまり、
それしかできない人になる、と覚悟を決めること。

「それしかできない人になれ」

人生全部をひっくるめて、
わたしはあなたに、そう言いたい。

そして、今日にでも、始めてほしい。
あなただけの、第1回めの「ユメカナ合宿」を。

運命ってある。
あるけどそれは意志で動かせる。

わたしたちの人生は、瞬間瞬間の判断の積み重ねでできている。

モノゴコロがついてから今まで、
いくつの選択、いくつの判断をしてきた?

「偶然」と思われている出来事も、「運命」と思われている人生も、
ホントはほとんどが意志なんだよね。

今ある環境も、自分自身の状態も、
それをつくってきたのは、わたし。

モノゴコロがついてから10年もあったなら、
その10年の記憶の中に、夢の材料はいっぱいあるハズ。

そのカケラを、ひとつ、またひとつ集めて、
自分だけの夢の地図をつくろうよ。

足りないところが出てきても、ダイジョウブ。
そこが、これからの人生でつくっていく場所。
そこにはまるパズルのピースが、
これからの人生で出会っていく相手、なのだから。

自分には声高に語れる地位や名声はあるだろうか。
人に分けられるほどの多額の財産があるだろうか。

もしも、それが今、自分の手に「ない」のであれば、
これほどラッキーなことはない。

それはつまり、
「自由」と「可能性」を持っているということなのだから。

何も持っていない、という自由。

死ぬ気で頑張っても、そうそう死なない。

死ぬほど頑張るんじゃなくて、
死ぬ覚悟で頑張るだけ。

頑張りすぎて死んだという事例だって、
たしかにあるかと思うけど、
死にそうになったらやめればいい。

ワクワクすること。
叶ったら誰かをしあわせにできること。
それも全部、夢。

自分のために頑張ろうって思うから、
あと回しになるし、長く続かない。

でも、大切な誰かのために頑張ろう、
これができたらきっとあの人は喜ぶ……って思うと、
もっとずっと頑張れちゃったりするから不思議。

成績や評価、評判……
数字や外からの目線で、
夢の優先順位を決めないこと。

自分の心に正直になること。

そうじゃなきゃ、いくら夢を叶えても、
しあわせになんかなれないし、できないよ。

大切なのは、何？

才能よりも大切なのは、覚悟。

思い込みは自由。
どうせ思い込むなら「過大評価」。

そして、まず、
才能どうこう抜きにやってみればいい。

女だったら腹をくくれ。

#2 - YumeKana Method

01 : Let's the YumeKana Lodge together!
ユメカナ合宿のすすめ

ユメカナ合宿って？

ユメカナ合宿とは、夢を叶えるために行う合宿のこと。

運転免許を取るとき、
通学で取る場合と合宿で取る場合があるでしょ？

あれでいう、合宿で取るのと同じ発想で、
免許を取るまで（＝夢が叶うまで）、
「そのためのことだけをして過ごす」こと。

ただし、
本当の合宿みたいに実際に
どこかに泊まり込むわけではないんだよ。

そうじゃなくて、
あたかも合宿をしているかのように、毎日を過ごすこと。

ユメカナ合宿の威力

ユメカナ合宿を行うのと行わないのとでは、夢の叶いやすさが変わってくる。

ここでは「夢の叶いやすさ」を「**ユメカナ指数**」、
生まれながらに持っていた才能やセンスや環境を
「**先天的ユメカナ指数**」、
一定期間においてユメカナ合宿を行う割合を
「**ユメカナ合宿率**」として、説明してみよう。

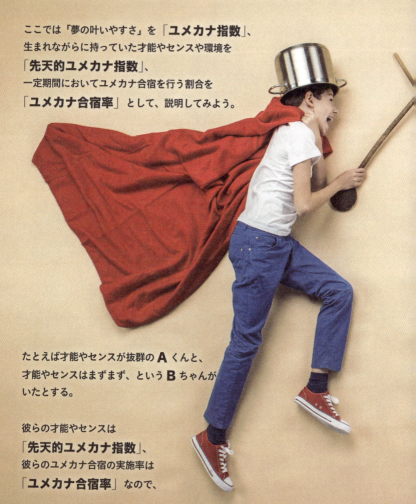

たとえば才能やセンスが抜群の **A** くんと、
才能やセンスはまずまず、という **B** ちゃんが
いたとする。

彼らの才能やセンスは
「**先天的ユメカナ指数**」、
彼らのユメカナ合宿の実施率は
「**ユメカナ合宿率**」なので、

最終的に夢が叶う可能性＝「**ユメカナ指数**」は、次のように計算できる。

「先天的ユメカナ指数」×「ユメカナ合宿率」＝「ユメカナ指数」
（簡単な公式！）

なので、仮にAくんが、あまり合宿を実行しなければ、

100 × 20% = 20 ← **A**くんの夢が叶う指数。

そして、仮にBちゃんが、合宿をかなり頑張れば、

60 × 150% = 90 ← **B**ちゃんの夢が叶う指数。

あっさり逆転したよね。これがユメカナ合宿の威力。

ユメカナ Q&A

Q. ユメカナ合宿は何を目的として行うの？
A. もちろん、夢を叶えて、人生をもっと豊かなものにしていくためである。
そしてその先には、周りの人のしあわせがある、ということを忘れてはいけない。

Q. ユメカナの神さまって本当にいるの？
A.「神さまなんていない」と思っている大人の方が多いはず。
でも、ユメカナの神さまは、いるよ！

Q. ユメカナって、宗教なの？
A. 違うよ！　宗教ではないよ！

Q. ユメカナ合宿は人生で何回までできるの？
A. 何回もできるよ！

Q. ユメカナ合宿に疲れたら途中で休んでいいの？
A. いいよ。でも、休んで元気になったらかならずまた再開しよう。

Q. ユメカナ合宿はふたつ以上同時に参加することはできるの？
A. 普通の合宿だったらふたつの合宿に同時参加はできないけれど、
ユメカナ合宿の場合は、組み合わせによっては、できるよ！

Q. ユメカナ合宿はどのくらいの長さになるの？
A. 夢によって違ってくるよ！
1日の場合もあれば、10年の場合もあるし、20年の場合もあると思うよ。
やってみないとわからないこともある。
でも、ひとつ確実にいえるのは、合宿をやらないよりやったほうが、
早く夢が叶うということ。

Q.「ユメカナ合宿をやっている」と人に言うと、
変だと思われたりしませんか？
A. 変だと思われたり、言われたりすることは、
きっとあるよ！
でも、気にしないし、言い争うこともしない。
気にしてばかりいたら、夢が叶わなくなる。

Q. ユメカナ合宿は女性しかやっちゃダメですか？
A. あ、別に男性でも女性でも、いいんじゃない？

Q. ユメカナ合宿の失敗例ってありますか？
A. とりあえず今のところ、
失敗に終わったという例はないけど、
失敗しそうになったことはあった。

Q. ユメカナ合宿を失敗しないための
コツがあるとしたら、何ですか？
A. コツは、死なないように気をつけることと、
心を折らないこと。
そうなりそうになったら、
上手に休むこと。

Q. ユメカナ合宿をやるかやらないか、
迷っています。
なぜやるのですか？
A. いや、むしろ、なぜやらないの？

今やるとか、明日やるとか、
いつかやる……じゃなくて、
つねにやる。
ときにはバックグラウンドを使う。

ユメカナ方法論なんて、いくらでもある。
どれをやるのも自由。

自分だけのユメカナ方法論をつくろう。

「つくること」を忘れちゃダメ。
クリエイターじゃなくても、みんなクリエイター。

進むことは決めること。
決めることは進むこと。

覚悟を決めればユメカナ合宿は始められる。

決めることは進むこと。
進むことは決めること。

#2 - YumeKana Method

02 : A Miracle happens by your Power
ユメカナ合宿で459回めに奇跡が起きる

都合のいいときだけ、数字に頼るべし。

数字っていろんなものを別の角度から表現するし、
ときには証明してくれる。

数字に縛られるのは良くないし、
疲れちゃうから、
数字があんまり得意じゃない人は、
都合のいいときだけ、数字に頼るくらいが
ちょうどいいんじゃないかな。

ユメカナ合宿で
459回めに奇跡が起きる理由。

「確率論法」というものがある。

仮に、
100人にひとりしか叶わないとされている
or
100回に1回しか成功しないとされている
ことがある場合、
その「成功確率」は1%である。

しかし、それは、
たった1回の挑戦においての確率であり、
あなたは何度でも挑めるとする。

挑戦した回数に対して
夢が叶う確率を1%とするならば、
500回挑戦した場合の夢が叶う確率は
何%になっているだろうか。

じつに99%以上になっているのだ。
正確にいうと、
それは、
459回めに99%を超える。

具体的にはどんなふうに確率は推移していくのだろうか。

　　　　　失敗確率
　1回め　99%
　2回め　99%×99%=98.01%
　3回め　98.01%×99%=97.03%

　　　　　成功確率
　50回め　39.5%
　100回め　63.4%
　459回め　99%（成功確率と失敗確率が逆転する）

なんと、459回めには完全に成功確率と失敗確率が逆転するのである。

「50回も繰り返せば約40%の確率で成功する」
そう考えるだけでも希望が湧かないだろうか？

　　　　　　　　　　この計算（確率論法）の特筆すべき点は、
　　　　　　　ずっと計算を繰り返していったとしても
　　　　　永久的に成功確率が100%にはならないというところ。
　　　　　　　　　　　　　　　　　　計算上は、絶対に。

ただ、繰り返すたびに限りなく100%に「近づいて」はいく。

99%以上叶う夢だと思うと挑んでみる価値はある、と思わない？

　　　　　　　　　　　　　　　　キーワードは「459」回。
　　　　　　　　　　　　　　　　「459」は、スペシャルな数字。

「459」は、たった1%を99%にする、奇跡を起こせる魔法の数字なんだ。

確率論法：参考. http://www.hitachi-solutions.co.jp/column/positive/

人と自分を比べて一喜一憂するのはナンセンス。

比べるなら、
ダメだったときの自分と今の自分を。

未来ばかり見るのもナンセンス。

大切なのは、
昨日から今日の間に進んだ、たった1ミリの距離。

たまには後ろを振り返らなきゃ。

#3 - Happy × 10 project

01 : About the Happy × 10 Design Drawing

Happy×10逆算法って？

Happy×10逆算法は
ユメカナ合宿から生まれた。

「Happy×10逆算法(はっぴーじゅうばいぎゃくさんほう)は、
ユメカナ合宿の過程で必要となる、かなり優秀なお役立ちツール。

お役立ちツール、といっても、買わなきゃいけないものではなく、
身近にあるものでつくれるツールだ。

そもそも「Happy×10逆算法」とは、
ひとりひとりが今いちばん実現させたいことを、
これでもか! というくらい具体的に思い浮かべて、
そこから少しずつさかのぼって今にたどりつく計算のこと。

『しゃらしゃらDays』※の中にもじつは登場していて、
「ちこら」という黄色いネコが、ストーリーの中でチャレンジしている。

「計算」と聞いて、ちょっと不安になった方もいるかもしれない。
でも、安心して。
なんせこれは、正真正銘、
高校の数学で0点をとったことがあるわたしが考えた方法なのだから。

ユメカナの神さまを信じることができて、
「イメージする力」があればできる。絶対できるよ。

わたしは「Happy×10逆算法」で大きな夢をひとつ叶え、
そのあとも毎日のように「Happy×10逆算法」を使っている。

このツールには、大きな夢だけでなく、日々の小さな目標の達成も早める力がある。

まずは小さな夢で試してみよう。

『しゃらしゃら Days』：サンクチュアリ出版から発行された松本えつをの著作。就職活動中の大学生のネコ「ちこら」が主人公。

Happy × 10 逆算法は、こうやる！

① まず、「なりたい自分」をイメージする。

このとき、他人の目や、社会に対する遠慮はいっさい必要ない。
そういったものを忘れて、自分の心に正直に、ただただ理想の自分を
心の中で想い描くこと。
もし、憧れの誰かがいるならば、その人をヒントとして想像しても OK。

② 次に、1枚の大きめの紙を横向きに置いて、階段のような線を書く。

左が低くて、右が高い、という右あがりの階段。
そのとき、最上段の上部の余白を5センチくらい確保する。
階段1段の高さは1センチくらい、幅は4〜5センチくらいがよい。
そして、その最上段の上部の余白に、未来の自分の肖像を描く。
似ていなくてもかまわない。棒人間でも OK。ネコでもいいかな。

③ さらに、最上段の階段の下に、吹き出しをつけて、
さっき想い描いた理想の自分の特徴をできるだけ詳しく書く。

絵を使っても、文字を使っても、図形で示してもかまわない。
自分があとから見て、意味がわかれば OK。
ただし、セリフや文章はすべて「過去形」で、
そのときの自分になったつもりで書くこと。
また、この行程からは、ペンではなくて鉛筆を使おう。

④ 次に、上から2段めの階段の下の余白に、
理想の状態にもう一歩届いていない状況を書く。

「かなりいい線いっているんだけど、もう一歩！」のところをイメージする。
ちょっとだけ、むずかしいかな。

⑤ **今度は上から3段めの階段の下の余白に、
理想の状態にあと2歩くらい届いていない状況を書く。**

このあたりは、ずっと「イメージする力」の出番。

⑥ **そのようにして、どんどんさがっていく。
つまり、左側に向かって降りていく感じ。
そうやって、「今の自分の状況」までさかのぼる。**

途中から、階段の下部の余白が狭くなってくるはず。
これは、遠い未来ほど具体的にイメージを膨らませる必要があり、
近い未来は書くスペースが少なくてもこと足りるケースが多いよ！
という理由から。
紙が足りなくなったら、2枚めを追加して書こう。
今の自分までさかのぼるのに、階段が何段あっても問題ない。

⑦ **今度は階段の上部の余白に日付を入れていく。**

基本的には、まず、達成したい日付を最上段に書き込んで、
そこから1段ずつ降りてくるのがベター。
もし、今のところまで降りてきて、日付が今よりも昔になってしまったら
調整が必要になってくる。
その場合は、どこで調整するかを考えよう。

⑧ **書き終えられたかな？　今いるところまで降りてこれたかな？**

降りてこれたら、次のページを読んで、
実際にユメカナ合宿をスタートさせてみよう。

Happy × 10 逆算法を書いたら……

書く人によって、また描く夢によっては時間がかかるかもしれない。
いうなれば、けっこう大掛かりな作業になり得るもの。
でも、これを頑張って書いてしまえば、あとがすごくラク。

書きあがったら、紙面全体の形状を頭の中にイメージしよう。
そして「ユメカナ合宿」を始めるのだ。

すると、不思議なことに、
この逆算法を実行しないよりも、しているほうが、夢を実現しやすくなる。

Happy×10逆算法の最大の特長は、
「遠くに設定した夢に確実につながっているルートを
足下だけ見ていても歩んでいけるようになる」
というところにある。

夜空の星までの距離は計り知れず、そこまで行く途中で、
どのコースがまっすぐなのかもわからなくなりそうで、正直、やる気がそげるはず。
だけど、50メートル先のコンビニまでなら、あっけなく行けるように思えるし、
断念するのもバカバカしく思えない?

それと同じ。

Happy×10逆算法をしたあとは、紙面全体に関しては、
その形状を頭の中にイメージし、
書き込んだ細かいところはだいたい忘れてもダイジョウブ。
あとは階段を進むタイミングで確認のために見直し、
変更の必要があるときに部分的に書き直すだけ。

合宿をしながらつねに意識するのは、ひとつ。

「目の前にある階段をたった1段のぼること」
それだけ。

昨日から今日、あんなに頑張ったのに
これっぽっちしか進まなかったと悲しむ君。

なぜ「夢まではまだまだ遠い」と絶望するの？

去年の夏、
君は星を眺めるためにジャングルジムにのぼって
「地面からよりずっとよく見える」って笑ったのにね。

もういちど言うよ。
大切なのは、君から星までの距離より
地面から君までの高さ。

君が星に近付くために移動した、
そのたった200センチの距離。

『しゃらしゃらDays』（松本えつを 著　サンクチュアリ出版）より

#4 - YumeKana Rules

01 : Change the Rules, for Tomorrow

あなたの夢を叶いにくくさせる間違った思い込み

あなたの夢を叶いにくくさせる間違った思い込み No.01

あきらめなければ
100％の確率で夢が叶う、
という思い込み。

「あきらめないでやり続けていれば100％の確率で絶対に夢が叶う！」
「頑張ってできないことはない。誰だって、やればかならずできる！」
「夢が叶わないケースがあるとしたら、それは挑戦することをやめたときだ」

そんな言葉を信じてはいないだろうか？

たしかに、自分を奮い立たせるためにそれを信じるのはいい。
だって、何を信じるのも自由だから。

だけど、大事なのは、それを信じてやり続け、実際は夢が実現しなかったとき、どう考えるか。どう感じるか。どう在るべきか。

問題は、
絶対に叶うはずのものを
絶対に叶うはずの行動をして叶えられなかったとき。

「わたしは挑み続けられなかった」
「わたしはひとりの人間として失格だ」
「そう、わたしは逃げたんだ……」
ということを、自分の責任として受け入れられるのだろうか。

そしてそれでも、その先を希望を持って生きていけるのだろうか。

……そんなにタフじゃないんじゃない？
……叶わないことだって、じつはもっとあるんじゃない？
……叶わなかった悲しみに加えて、人間失格の烙印まで
押さなくてもいいんじゃない？

140ページに書いた「**確率論法**」の話を思い出して。

仮に成功確率が1％のことも
459回挑み続ければ99％の確率で成功する、といえる。

「あきらめなければ100％の確率で夢は叶う」というのは、
理論上、間違った考えだ、ということになる。

**でも、もし、志半ばで挑めなくなったとき、
それが50回めのタイミングなら、60％程度の中に入っただけ**だ。

逃げたんでもなければ、人間失格なわけでもない。

つまり、正確には、
**「あきらめなければ100％の確率で夢が叶う」のではなく、
「あきらめなければ99％以上の確率で夢が叶う」**、ということだ。

「叶わなかった＝あきらめた」という根拠に掲げるには、不十分。
無意味に落ち込むことなかれ。

あなたの夢を叶いにくくさせる間違った思い込み No.02

「夢を叶えるってスゴいことだ」
という思い込み。

だいたい「夢を叶えること」というのを大げさに考えすぎなんだと思う。
まあその前に「夢」そのものを大げさに捉えすぎなのかもしれない。

まず第一に、「夢」＝「職業」という発想。それがＮＧ。

これは、保育園・幼稚園・小学校なんかで
「○○ちゃんは大きくなったら何になりたいのかな？」なんて尋ねられて、
「パン屋さん！」「お花屋さん」などと答え（させられ）る、
あのやりとりの弊害なんじゃないかな……と思う。

その質問に対して「ケーキ１ホールをひとりで食べたい」とか、
「お菓子を大人買いしたい」とか、
「さかあがりができるようになりたい」とか答えると
「そうじゃなくて、大きくなったら何になりたいのかな〜？」などと
たしなめるように返される。

卒園アルバムや文集みたいなものがあるなら見返すといいかもしれないけど、
職業として成立しないようなことを将来の夢の欄に書いている子って
ほとんどいないんだよね。

そんな経験から、わたしたちは
夢を尋ねられると「就きたい職業の名前」を答えるようになっちゃった。

でも本来は違うと思うんだ。

もうすぐくるお母さんのバースデーに、手作りのアクセサリーをあげることも、
意中の男性と食事に行くことも、
あと3kgダイエットで減らすことも、
3日坊主になりがちな日記を1年続けることも……
全部、立派な夢だと思うの。

つまり、夢そのものは、ほんのささいな、超パーソナルなことでいい。

夢そのものがライトなものだとわかっていれば、
夢をひとつ叶えることもそんなに特別なことだと思わなくなる。

そして、自分のこれまでの人生の中で、
すでにいくつもの夢を叶えてきたということがわかるはず。

この小さな成功体験を積み重ねることがすごく大事。

だって、**大きな夢の実現は、
小さな夢の実現を繰り返した先に存在する**んだもの。

日々の中にある小さな成功を見逃さないで。
たくさん叶えてきたこと、認めてあげて。

そして、**小さな夢を叶えることも、
大きな夢を叶えることも、
ていねいに、でも、あっさりと、やってのけよう。**

そう思えるようになることも、また、ひとつの小さな立派な成功体験。

あなたの夢を叶いにくくさせる間違った思い込み No.03

自分は
「その他大勢のひとり」である、
という思い込み。

輝いている誰かを見て「他人事」だと思っていないだろうか？

夢を叶えている誰かを見て
「かっこいいな」「あんなふうになりたいな」って思うのは、
とても素晴らしいことだと思う。

だけど、そう思っているとき、自分自身とその人を比べて、
「あの人は特別。わたしは特別じゃないフツーの人」なんて思っていない？

自分は「なんの取り柄もない一般人」、「その他大勢のうちのひとり」……って。

でも、
「特別」って何？ 「特別じゃない」って何？
「フツー」って何？ 「フツーじゃない」って何？

仮に生まれた瞬間から夢を叶えている人がいたら、
ちょっとフツーじゃないかもしれないけど、
それをいうならあの人も、その人も、きっと、
最初はあなたやわたしと何も変わらない一般人だよ。

今、輝いて見えるのはあの人やその人が、
生きている中で、強い想いを抱き、強い心で「行動」しただけの話。

同じ生き物。「特別」じゃない。

そんなことよりも、
いつだって誰だって自分にとってのかけがえのない、特別な存在。
それは、自分自身。

もし、憧れのあの人を特別だといえるなら、
あなたにとってのあなたは、さらにその何倍も特別なはず。

そして、もうひとつ。
あなたのことを、自分と同じかそれ以上に、特別な存在だと思っている人がいる。

つまり、**あなたは、
あなた自身と、あなた以外の誰かひとり以上にとって
特別な存在だといえる**んじゃないかな。

派手に目立っている人が特別な存在なのか、
社会におけるマイノリティが特別な存在なのか、
すでに成功を手にしている人が特別な存在なのか、
それとも、
自分が愛情をもって最後まで一緒に歩いていけると思える対象が
特別な存在なのか。

この機会に、「**特別な存在**」という言葉を自分なりに定義し直してみよう。

そうすれば、
あなたにとっては、あなた以外のほとんどすべての人こそが、
「その他大勢のひとり」であるということに気づくはず。

**自分は「その他大勢のひとり」である、というのは思い込み。
むしろ、自分以外のほとんどすべての人こそが「その他大勢のひとり」だ。**

あなたの夢を叶いにくくさせる間違った思い込み No.04

才能がないと夢は叶わない、
という思い込み。

世の中には、高い才能がある人と、それほどない人、両方が存在すると思う。

小さい頃、「天才」と「秀才」は違うんだって話をきいて、
それがずっと真実だと思ってきた。
その中で自分は「天才だね」よりも「秀才だね」と言われたいと思っていた。
「努力しないでもできちゃう」なんて、なんだかかっこ悪いと感じていたから。

でも、大人になるにつれ、
秀才が努力しないとできないことでも天才があっさりできちゃうなら
「夢を勝ち取る争奪戦になったら、天才が勝つだろうし、秀才むなしくね？」
という考えに変わってきた。

たとえば、
スポーツでは、骨格が立派な人のほうが貧弱な人よりも、
勝てる可能性はうんと高い。
語学では、語学脳が優れている人のほうが優れていない人よりも、
短時間の準備で良い点数を取る……などなど。

さらに、身体能力がもともと高くて、頭脳も優れている、
某アニメの「出木杉くん」みたいな子ってクラスにひとりは存在していた。

でも、もっともっと大人になって、

実際にいくつかの夢を叶えてみて、最終的には、こう思う。

わたしが出木杉くんみたいな人だったら、
たぶん、これまで叶えてきたうちのいくつかの夢は、
叶っていなかったかもな……と。

いろんなことができちゃえば、いろんなシーンでいろんな人に期待させちゃう。
それだけじゃなく、きっと、自分でも自分に期待しちゃうと思うんだ。

その期待に器用に応えようとして、
全部に全力で挑んで、夢や目標に対して八方美人になっちゃう。

そこでわたしは疲れ果てて気づくだろう。
これが「器用貧乏」っていうものか……と。

どんなこともそつなくこなす「おりこうさん」になっても
自分のたったひとつの夢に200％を注ぎ込む誰かには、きっと勝てない。

与えられる能力に限りがあるなら、
与えられる時間にも限りがあるだろうから。

いちばん避けたいのは、器用貧乏になってしまうこと。

そうなってしまったら、すべての戦いに負けることはない代わりに、
すべての戦いで天下を取ることも許されないだろう。

たったひとつ。
器用貧乏になるな。

まずは標的を決めたら、ただひたすら、脇目も振らず、
「それしかできない人」になれ。

あなたの夢を叶いにくくさせる間違った思い込み No.05

迷ったら周りの人に
多数決をとって決めるべき、
という思い込み。

決断に迷ったとき、あなたはどんな方法をとりますか？

「どれにしようかな　天の神さまの言う通りなのなのな♪」ですか？
それとも、サイコロ振ってみますか？
友だちを集めて多数決をとりますか？

迷ったとき、気をつけなくちゃいけないのは、
周りの意見を聞くという方法をとることのリスク。

サイアクなのは「多数決をとる」という方法。

議員を選出するわけじゃあるまいし、
自分の人生なのに多数決で決めてどうすんの？

人生の交差点に降り立ったとき、多くの人は周りの人に意見を求める。
周りの人というのが、普段から接点があったり、
その道の経験者だったりするとなお良し、などと思うだろう。

信頼のおける誰かに相談を持ちかけることは悪いことではないと思う。
自分とは異なる視点の意見をくれて新たな発見を得られるかもしれないし、
互いの信頼をより厚くするかもしれないから。

でも、
たくさんの意見を聞けば聞くほど生じてくるリスクもあるということを
忘れてはいけない。

あなたの1票とあなた以外の1票は同じ価値なの？
良くも悪くもその結果を得るのは自分自身だよね？

**多数決をとるという方法は、自分の決断をうやむやにして、
みんなにとってなんとなく良さそう……という答えを
ものの見事に正当化してしまう罠だよ。**

あともうひとつ。

多数決じゃなくて「**全部入り**」**もサイアク。**

Aさんが「aaa」と言った。
Bさんが「bbb」と言った。
Cさんが「ccc」と言った。
じゃあみんなの意見を取り入れて「abc」にしよう……って、オイ！！
自分の意見はどこにいっちゃったのよ！

**結果、可もなく不可もなく、つまらなくもオモシロクもない、
一番中途半端なモノが生まれる（という結果が訪れる）。**

「どこに向かおうとしているかわからない」と言われるのがオチだ。

もう、不毛な決断は、やめよう。

あなたの夢を叶いにくくさせる間違った思い込み No.06

「自分探し ＝ 旅に出ること」
という思い込み。

「自分探しの旅」と銘打って旅に出ちゃう若者って多いよね？
わたしの周りだけかな……？

あれは……なんなんだろう。
なんで自分を探すために旅に出るんだろう。

本当は、違うんじゃない？
だって、**物理的に旅先に移動したって自分なんていないよ？**

旅に行きたいけど、目的を伝えるのがメンドーだから、
とりあえず「自分探しの旅」っていうことにしておこう……
という理由なのかな。
つまり、取って付けたような大義名分？

いずれにしても、旅先に自分なんていない。
自分を探したいなら、自分の中を探すほうがよっぽど現実的。

旅先という非日常の時空間で出会った自分なんて、
旅から帰ってきたら消えてなくなるような幻の自分でしかない。

忘れないで。自分は自分の中にいる。

旅に出ないと自分を変えられない？

そう思うなら、
まずは今いる場所で、今この時間の中で、徹底的に自分自身と向き合ってみよう。
そうすれば、居ながらにして大冒険を体験できるはず。

毎日の中で自分を見つめられない人が、
旅に出て、旅先で自分を見つめられるわけがない。

そんなことより今この環境で、ユメカナ合宿をしたほうがいい。

単純に旅に出たいなら、
シンプルに世界を見たいといえばいい。
シンプルにここから逃げたいと言えばいい。

夢は、現実（日常）の中でしか叶わない。

あなたの夢を叶いにくくさせる間違った思い込み No.07

なりたい自分のためなら頑張れる、という思い込み。

とくに女性というものは、
「自分のためには頑張れない生き物」である。

つまり、自分以外の誰かのためにしか頑張れない。
そういう遺伝子でできている。

「それだと……夢は叶いにくいということ？」と心配になるかもしれない。
でも、ダイジョウブ。あきらめないで。

「なぜ、それをやるのか。誰のためにそれをやるのか」を考えるときに、
パッと見のイメージで判断するのではなく、熟考すればいいだけの話だから。

**「夢を叶える」ことも、「なりたい自分になる」ことも、
めぐりめぐってかならずあなたの大切な誰かのためになっている。**

大切なのは、それにちゃんと気づくこと。
そして、それをモチベーション（やる気）に変えること。
自分以外の誰のためにもならない夢なんて、そうそう存在しないのだから。

どうしてもやる気が出ない……
なんだか成果があがらない……
そんなときも、同じ。

あなたが女性の場合はとくに、その原因を追究するときに、
ひとつ考えるポイントを増やすことが重要なんだと思う。

それは、
「頑張った結果、周りの人の未来がどう変わるのか」をイメージするということ。

もし、そのときに自分自身の未来しかイメージできない場合、
おそらくそれほど頑張れない。
あなたが女性であればなおのこと。

「夢を叶えること」の場合も、そう。
「なりたい自分になる」という場合も、そう。

これらは、
自分自身のためだけに……と脳内で判断されてしまいがちなことだけど、
本当に、自分自身のためだけに、やるのかな。

**女性は元来、
パートナーのために、親のために、子どものために、
ときに思いがけない力を発揮する生き物。**

遺伝子レベルで「誰かのために」生きようとするもの。

その性質をちゃんと利用して、
賢く夢を叶えていこう。

あなたがイキイキしているときの大切な人の笑顔こそが
いちばんのエネルギー源になり得るのだから。

あなたの夢を叶いにくくさせる間違った思い込み No.08

失敗は
繰り返さないようにするべき、
という思い込み。

「同じ失敗を繰り返すな！」とは、よく言われるセリフだと思う。

たしかに、同じ失敗を同じ理由から繰り返してばかりいたら、
先が見えなくて、絶望的な気持ちになるよね？

でも、それってじつは、
「失敗そのものを繰り返さないようにするべき」ということではないはず。

たとえば……

  失敗を1回する。
   ↓
  次は失敗を恐れて別のやり方で挑む。
   ↓
  また失敗する。
   ↓
  3回めは、また失敗することを恐れて、
  1回めと2回めとは違うやり方で挑む……。
   ↓
  その繰り返しをするうちに、
  雪だるま式に「恐れるやり方」が増えていく。

そんなふうにして、
失敗を繰り返さないように用心するたびに、選択肢や行動範囲が狭くなり、
同時にその分のチャンスを失ってゆく。

前回の方法が今回の挑戦で失敗に終わる確率は100％では「ない」のに。

失敗の回数が、選択肢を狭めるものになってはならない。

そうなってしまって、
挑戦するたびに成功確率が落ちていくことになると、
もはや、わけがわからなくなるだろう。

**この世の中にある決定的な失敗はただひとつ、
失敗を恐れて何もできなくなることだ。**

それこそが、もう救いようのない、大失敗である。

わたしたちが失敗から本当に学ぶべきものは、
二度と失敗しないようにするための「恐怖心」ではなく、
幾多の失敗も超えられるようになるための「強さ」。

あなたの夢を叶いにくくさせる間違った思い込み No.09

いつもポジティブでいるべき、という思い込み。

つねにポジティブでいこう！　プラス思考でいよう。　前向きに！
……みたいなの。なんだろうね。あれ。

ポジティブポジティブって言われるけど、
言われて無理やりなるようなポジティブって残酷でしかないと思う。
人の言葉に強制されてつくる元気ってサイアク。

そもそも、プラス思考も前向きもそんなに偉いんだろうか。
その結果、夢が叶うの？

たとえば、
つらいとき、ひとつの夢にやぶれたとき、ポジティブでいられるわけがない。

**もしもいつもポジティブだという人がいるとしても（いないだろうけど）、
それはフラットであって、ポジティブじゃない。**
山あり谷ありの人生でずーっとフラットでいられる人がいるなら、それは不感症。

どんな人生にも、どんな出来事にも、日の当たる側面と当たらない側面がある。
物事には陰影があるのだ。
だから、つねにできるだけポジティブでいようって考えるんじゃなくて、
自分がそのときポジティブになっているかネガティブになっているか、
だとすると、どっちにどれだけ寄せていけば今より健やかになれるかな……

と考えるほうが賢明。

もし、深海のようなドン底にいるならば、急激に水面にはあがれない。
そんなに急いで上昇したら死んでしまうじゃないか。
深海から徐々に、身体を慣らしながら水面にいくのだ。

泣く必要があれば、ひとしきり泣いて、休む必要があれば、しっかりと休んで、
自らあがっていこうと思えたら、そのタイミングで少しあがる……それを繰り返す。

誰かが落ち込んでいてもポジティブな言葉をやたら投げかけないほうがいい。
そんなものを受け取っても相手は疲れてしまうだけだから。

**必要なのは、すぐさま水面に引っぱりあげることじゃなくて、
長時間沈んでいられるための追加の酸素を持っていってあげること。**

仮に、もしポジティブが必要であっても、
そんなものはあなたが差しだす前に巷に溢れてる。

「前を向こう！」も同じ。そもそも前ばっかり見ようとするから凹むんだから。

人は定期的に後ろを見るべきである。
後ろをみれば、歩いてきた道がある。
今よりダメだったときの自分だって、そこには、いる。

夢が叶う地点がまだまだ遠いと絶望するくらいなら、
前を見ずに、昨日から今日までに進んできた距離を見よう。
たいした距離は進んでいないかもしれない。
でも、少なくとも進んでいるでしょう？　１ミリは、たしかに。

一生懸命歩いてきた今までの道のりや足あとを忘れちゃ、かわいそうだよ。

後ろを見ながら、歩こう。

あなたの夢を叶いにくくさせる間違った思い込み No.10

アウトプットの前に
たくさんのインプットが必要だ、
という思い込み。

料理をしよう……ってなったら、完璧にレシシピを調べたり、
遊びにいこう……ってなったら、情報収集して綿密なスケジュールを組んだり、
英会話できるようになりたい……って思ったら、
文法の基礎から体系立てて学ばないと気が済まなかったり……なんていうこと、
ない？

でも……そうやって用意周到に準備をしているうちに、
「あれ？ どうしたかったんだっけ」ってなることもあるよね？

人はディテールに囚われているその瞬間、同時に全景を見ることはできない。

左手を描くデッサンの授業で生徒さんによく伝えていた。
手のシワ、指紋……などの細かいところに囚われていると、
きっとあなたのデッサンはバランスを崩したヘンテコな手になりますよ。
そうならないために、アタリをとって、外側から攻めていき、
ディテールを描き込むのはもっとあとにしよう。
そして、ディテールを描き込んでいるときも、
ときどき、全体を俯瞰して見ること……って。

少し長めの文章を書くときも同じ。
まずは全体の流れ（構成）を決める。
それから、それぞれの章のタイトルを決め、さらに、小見出しをつけていく。

デッサンと同じように、外側から攻めていくのだ。
これが、わかっていても、意外とできない。

好きであればあるほど、細かいところの表現をあーだこーだするのが楽しくなって、
先にそっちに向かってしまったり、そこに向かったら離れられなくなってしまうから。
気持ちは、すごくわかる。
でも、それだと結果的に伝わらない作品になってしまうリスクが高い。

すべて完璧に0～100まで新品を揃えなくていい。
完璧主義は、挫折しやすいし、その際の痛手も大きい。
それよりも、全体を見て、足りないところを補っていく。
近くに補修材料がなければ別のもので一時的にしのぐ……程度のラフさでいい。
本当にハマったり、流れに乗ってきたタイミングで、
間に合わせでしのいでいたパーツを新調すればいいのだから。

人は、いつも何かを感じ、何かを考えて生きている。

アウトプットするには、持ち物が足りないと思うかもしれない。
だけど、本当はすでにたくさんの情報、たくさんの知識・経験・思考が
頭の中にストックされている。

だいたいのことに必要な最低限の情報は、
普通に暮らしているだけでインプットされている（時代な）んだから、
何かしよう……と思い立ったときにゼロから入れなくてもどうにかなるものだ。
むしろ、インプットするためにスペースをつくってあげる、くらいの感じが
ちょうどいい。

生きている限り絶え間なく流れ込んでくる情報を、いったん断捨離するためにも、
「先にアウトプット」しよう。

「出すために入れる」んじゃなくて、「入れるために出す」。
息を「吐いてから吸う」のと一緒。

あなたの夢を叶いにくくさせる間違った思い込み No.11

周りの期待に応えなきゃ、という思い込み。

おりこうさんでいなくちゃいけない……と思って大きくなった、あなたへ。

幼い頃は「すべてがこれから」なんだから、
期待をいっぱいかけられてあたりまえ。
でも、それは小さな小さなコミュニティでの話。
ひとたび社会という大きな海原に出たら、まったく勝手が違ってくる。

次から次へと溢れては流れていく情報の数々……。
数えあげたらキリがない……という次元じゃなくて、
数えることすらできない量。
その中のたったひとつに「あなたのことについて」がある。

　　いつも誰かが見守っていてくれている・・・○
　　いつも誰かに見られている・・・×　←そんなことはゼッタイに、ない。

**ちょっとくらい成果をあげても、
注目されるのは一瞬。**

**その分、
ちょっとくらい失敗したりヘマしても、
気に止められるのは一瞬。**

だから、年から年中、立派でいようなんてナンセンス。

期待をされるということはありがたいことだけれど
**あなたの人生は、あなたのためにあるのであって、
周りの人の期待に応えるためにあるものではない。**

ゴールと過程、
目的と手段、
その順番を間違えないで。

期待されないようにするのはカンタン。
一度、思い切って期待を裏切ればいい。

どんなに長く抱かれていた期待の念も、
打ち砕いちゃえば、一瞬だ。

それでラクになるのなら英断。

いい意味で、期待はどんどん裏切ろう。

あなたの夢を叶いにくくさせる間違った思い込み No.12

女子はいつもキレイに
していなくちゃ!
という思い込み。

日々、自分の外見を美しくするために
どのくらいの手間とお金と時間をかけている?

あなたが女子で、会社勤めや通学など、
毎日、誰かしらと会うような生活をしている場合、
少なくとも「見た目」には気を配っているハズ。

「人は見た目が9割」とまで言われているような昨今。
パッと見た瞬間に相手が受ける印象を左右するのだから
見た目をちゃんとするということは重要。

でも、もっと大切なのは、
わたしたちはそんなことはとっくにわかっていて、
そうせざるを得ない状況下にいる、ということに気づくこと。
(そうでなきゃ「#すっぴん」ってわざわざ言わないよね?)

わかっているということは、つまり、
放っておいてもわたしたちは、ちゃんと、自分を美しくするために
必要最低限の手間ヒマやお金をかけている、ということと同義。

人間は強制力に守られて生きている。
だから、強制力の働かないものは「あとまわし」になってしまう。

じゃあ、あなたが「夢を叶えること」、
そのための過程では、どれくらいの強制力が働いている？

毎日、誰かが進捗状況を確認し、評価してくれたり、叱ってくれたりする？

……そんなことはほとんどないんじゃないかな？

「キレイにしていること」に対しては強制力が働いていて、
「夢を叶えること」に対しては強制力が働いていない。

だとしたら、「自分自身が意識を向けるべき」はどっちだろう。

あなたの夢の進捗は誰も管理してくれない。あなた自身が監督すること。

キレイにするための時間とお金は放っておいても勝手に増える。
だから自分自身でこれ以上、
「毎日、どんなときもキレイにしていなくちゃ」なんて意識をする必要は、ない。

そんなことよりも、
誰も見てくれていない「自分の夢のコト」を毎日意識してあげること。
それは、ほかの誰かが代わることができない、自分の仕事。

あなたはあなたの夢の監督。

キャスティングするのもあなた、
脚本を決めるのもあなた。
メガホンをとるのは、あなた。
そして、メインキャストは、あなた。

人生は自分だけの映画。
自分だけの映画を最高のものにしよう。

あなたの夢を叶いにくくさせる間違った思い込み No.13

落ち込んでいる人には
優しい言葉をかけてあげるべき、
という思い込み。

世の中には、癒し本が溢れている。
本だけじゃない。映画や音楽、テレビドラマも。そして、サービスも。

疲れた心を癒すことも重要だし、定期的にそれらを取り入れるのもいいかもしれない。

それに……近年は、精神を病む人が増えている。
現代病と言われたりもするけど、増えてきているということではなくて、
診断などにより認知されだしたということ。
心の病は今に始まったわけじゃなくて、昔からあったわけだし。

生きていく中で、心を病み、つらそうにしている人に出会う。
ときにはそんな自分自身にも出会う。

心が病んでしまうと、
周りの人の幸せを考えたり、夢を叶えようとする余裕がなくなってしまう。
生きているだけで精一杯。

そんなとき必要なのは身近な人のサポートと休憩だ。

複雑にからみ合った人間関係の中、心も身体も疲れ果ててしまったのだから、
環境は、よりシンプルにするべきだと思う。

誰かの心が病んでしまったとき、
その人がもし、あなたの親友以上の関係値にあるなら、
少しでもサポートできることを見つけて実行してあげてほしい。

だけど、そこまでの関係値が「ない」場合は、どうか放っておいてあげてほしい。
なぜなら、そんなときはどんな言葉も重い負荷となってのしかかってしまうから。

つらそうな人を見ると優しい言葉をかけてあげたくなるというのは至って自然。
でも、そんなときはいったん立ち止まって考える時間を持とう。
その人にとって自分は「親友」と呼べる以上の関係にいるのか、ということを。

親友以上であれば何をしてあげられるか考えることに移ろう。
親友以上ではないのなら今は遠くから見守る、にとどめよう。

優しい言葉をかけてあげると脳内物質が出て、
いいことをした気持ちになるのかもしれないけれど、
それが目的になってはならない。
そうなってしまったらその優しさは、ただの自己満足だから。

大切なのは、相手の「未来」をイメージすること。
そのイメージが良くなるような行動を考えること。

その人に優しい言葉をかけてあげることと、
その人に優しくするということは、
似ているようで、ぜんぜん違う。

ときに、触れないことが、
ときに、厳しい言葉をかけることが、
本当の優しさになったりする。

優しさの真の意味を知った大人になろう。
真の優しさが、いつかたくさんの夢を叶える。

あなたの夢を叶いにくくさせる間違った思い込み No.14

仕事は「人からもらうモノ」である、という思い込み。

「仕事はいただくモノ」と教えられたことはない？

誰かがお仕事をくれることも、確かにある。
でもそれは、ほんのひとにぎり。

さらに、そのお仕事が魅力的で自分にぴったり！　という確率は
その100分の1以下だと思う。

与えられた仕事を、
義務感や規律の中でイヤイヤこなしているだけの人生なんて、
ちっともオモシロくないよね？

そんな仕事の仕方ばかりしているから、
大人になってからの人生が大方ツマラナイモノになってしまうんだ。

何もないところから、
自分のこと、その環境のことを客観的に捉えて、
想像力を働かせて、「仕事」をクリエイトしよう。

実現させるために必要な自分の「スキル」や「ノウハウ」が足りなければ、
補っていくためのアクションを起こそう。

実現させるために必要な「環境」が揃っていなければ、
その環境を整えるための策を考え、実行しよう。

自力では「足りない」と思うならば、人の力を借りるための交渉をしよう。
もちろん、見返りを分け合う前提で。

ほら、そこまでいけば、あなたはもう、事業家だ。

**主体的に仕事をクリエイトできる人は、
会社員の立場でも、フリーランスの立場でも、
一生、仕事には困らない。**

逆に、**仕事をもらうタイミングをじっと待っている人は、
いつまでたっても「安定」しないし、「安心」できない。**

どんな大企業でも傾くときは一瞬なのだから。

　・大企業に新卒で入った子　→　ずっと受け身
　・弱小企業に中途で入った子　→　すごい確率で事業を起こす

人からもらう前提の人生ほど、やる気にならないものはない。
人から言われたからやる仕事が、たいていオモシロくないのと同じ。

これは仕事に限ったことじゃない。
「夢」も同じ。「恋愛」も同じ。

ミッションも夢も仕事も、自分でつくるものである。
誰かがくれたり、道端に落ちていたりするものではない。

ゼロからつくれる人になろう。

自分からつくれるって、最強だ。

あなたの夢を叶いにくくさせる間違った思い込み No.15

カオが広いとチャンスが増える、という思い込み。

「夢を叶えるためにはたくさんの人脈が必要！」って思ったことはない？
でも、「人脈」……って、そもそも何だろうね。

人脈のために、名刺を集めることに躍起になっている人もいるし、
交流会にやたらとカオを出している人もいる。
SNSのフォロワーを増やすために多くの時間を費やしている人もいる。

相手のことを、名前と肩書き、ときおりアカウント……程度しか知らないなら、
それは人脈でもなければ知り合いでもないのにね。

広くて浅い人のつながりが多ければ多いほど、
それらを保持していくための時間と労力、ときにはお金がかかる。
広くて浅いそれぞれの人間関係が複雑にからみ合ったりすると、
さらに膨大な時間と労力が必要になってくる。
ややこしくなればなるほど、あっちに気を使い、こっちに気を使い、
気づけば自分の夢そっちのけで、
人間関係の修復力保持のために丸1日潰してる、なんてことも……。

そもそも夢を叶えるためには必要だ！　と思って人脈を広げてきたのに、
実際フタを開けてみると、利はなく弊害ばかり……。
こんなことになるくらいだったら、もっとミニマムの人間づき合いの中で
生きていれば良かった……なんて思うワケ。

とてもバカバカしくないだろうか。

何ごとも極端は良くない。
だから、人間のつながりをすぐさま「断ち切るべき」というのもおかしいけれど、
あっちにもこっちにもいいカオしようなんて発想は早いうちに捨てたほうがいい。

人間に与えられた1日は24時間。これはどんな人でも一緒。
そして、ごく一部の例外を除けば、パワーもだいたい一緒。

健康状態や潜在的に持っている能力など、その他の条件が同じだとしたら……
多くの人と知り合いであるほうが
夢を叶えるチャンスがたくさん得られるんじゃないかと思うのは
無理のない発想なのかもしれない。

だけど、広く浅く人と関わっていくことの弊害もある、ということを、
わたしたちは忘れちゃいけない。

[関係値]×[関係者数]＝[チャンス数]

[関係値]は、関わりの深さ。良い関係と悪い関係がある。つまり「＋」と「－」がある。
[関係者数]は、関わる人数。

**関係値が希薄であれば、関係者数が多くてもチャンス獲得にはつながらない。
交友関係が広いだけでは、意味がないのだ。**

**じつは、カオが広くなくて少数と深く良い関係にある人のほうが、
チャンス獲得数が高くなるといえる。**

もう、これからは、
カオが広い人に対して「うらやましいな」と思うのはやめよう。
正しくは「大変そうだな」である。

あなたの夢を叶いにくくさせる間違った思い込み No.16

情熱さえあれば
どんなことも乗り越えられる、
という思い込み。

夢を叶えるためにいちばん大切なのって、何だと思う？

そんな質問をこれまでにいろんな人に、してきた。
その答えは、だいたいこんな感じ。

情熱、お金、技術、人脈、努力、知識、時間、
行動力、持久力、才能、センス、想像力、アイデア・・・etc

じつは、これらはどれもが同じ階層にあるのではなく、
これがあるからこれがある。
これを持つためにこれが要る……などのように、
どちらかというとタテに連なっている。
もっと厳密にいえば、ピラミッド型をしていると思う。

なので、**どれかひとつだけが完璧に整っていても意味がない。**

お金だけがあっても意味がない。
技術だけがあっても意味がない。
人脈だけがあっても意味がない。
知識だけがあっても意味がない。
才能だけがあっても意味がない。

そんな中、なぜか「情熱」だけは、
それさえあればいつか夢が叶うと信じられていることが多い。

わたしがユメカナの神さまの代弁をしよう。
情熱だけで夢が叶うなんてことは、まず、ない。

わたしたちは、燃えたぎる情熱を原動力にして行動を起こす。
行動を起こすことによってノウハウが得られ、
それを継続することにより、技術が磨かれ、人が集まり、機会が生まれる。
また、情熱が生まれるもっと前には、想像力が必要であり、
想像力なくしては何も生まれない。

たとえるなら、わたしたちは、
想像力と知識をもって設計図を描き、
情熱という燃料をつくり、それを燃やしながら走る列車。

ただ燃料を投下しただけでは列車は上手く走れない。
そこには運転技術を身につけた運転士が必要で、
さらには大切な地点における駅が必要で、駅と駅をつなぐ線路が必要。

燃料がそこにあるだけでは、人も物も夢も運べないのだ。

もし、完璧な情熱があっても、それだけでは夢は叶わない。
叶ってしまうなら、エスパーだ。

確かに情熱が持つ力はすごい。

でも、
情熱に依存したり、
情熱があるということを言い訳にしたりして、
ほかの要素をないがしろにするようなことだけは、絶対にやめよう。

あなたの夢を叶いにくくさせる間違った思い込み No.17

モノもお金も、もっと大切にしなきゃ、という思い込み。

限られた自然、限られた資源、限られたお金。
小さな頃から「大切にしなさい」と言われてきた、それら。
そして、モノもお金も、持てば持つほど使わなくなる不思議。

もちろん、むやみに壊すことはしちゃいけないとわかっている。
でも、「大切にする」ってどんなことだろう。

それに、モノやお金を大切にすることの代償はないんだろうか。

きっと、わたしたちが一度きりの人生で大切にできるモノや量にも、限りがある。

そんな中で、モノとお金を大切にしようとするあまり、
夢を叶えられる可能性を失う、タイミングを失う、ということも
あるんじゃないかな。

使わないのにただ場所だけを占有しているモノに溢れた家に住んでいるなら、
そのために毎月いく分かの家賃を払っているのと同じことになるから、
モノとお金を両方同時に大切にするにも……限界があるんじゃないかな。

**きっと、モノを「大切にする」というのは
箱にしまって保存しておくことじゃなくて、
最も価値のある無形財産に変えてあげる、ということ。**

**無形財産に変えれば、その分の空き容量が増えるから、
次の新しい価値あるものを仕入れられる。**

モノじゃなくて、お金も時間もエネルギーも同じ。
お金は「ここぞ！」というときのために貯金して、
「ここぞ！」というときに、いち早く気づいて投入する。

タイミングがわからない。
今じゃないかもしれない……などと悩んでいるケースの半分以上は
今がそのときだと気づいていないだけ。

大切なのは、「ここぞ！」というタイミングに気づくこと。
そして、お金も時間もエネルギーも投じること。

浪費じゃなく、消費じゃなく、投資であれば、
それは何倍にもなって返ってくることがあるのだから。

タンスにしまうために、銀行に預けておくために、
働いてきたんじゃないよね？

よく考えてみて。
モノもお金も永遠の価値は持たないよ？

**永遠の価値を持たないもののために
永遠の価値を持つものを犠牲にするなんてナンセンス。**

あなたがそこまでして守っているものは何？

ケチも休み休みにしよう。

あなたの夢を叶いにくくさせる間違った思い込み No.18

「自由はサイコーに素晴らしい！」という思い込み。

いつからだろう。
わたしたちが、自分はとても不自由で、
この不自由さがなくなったらどんなにいいだろう、と思うようになったのは。
そして、いつしか、自由は憧れで、
「それはサイコーに素晴らしいもの！」と考えるような大人になった。

でも、じつはわたしたちはすでにそんなに不自由じゃなくて、
そこそこの自由が与えられている。
職業選択のそこそこの自由。結婚にまつわるそこそこの自由。
生活形態のそこそこの自由。言論・表現活動のそこそこの自由。

すべてそこそこであり、100％ではない。
そして、すでにある不自由な部分のうちいくつかは、あるべくしてそこにある。
何のためにあるかというと、それは不自由の恩恵を受けるためだ。

この「**不自由の恩恵**」を、わたしたちはよく見落としている。

こんな話を聞いたことがある。
とある小学校の教室で、生徒たちに絵を描かせることになった。
まず、とくに制約は設けず、いくつもの画材を広げ、
この中のどれを使ってもいい、何を描いてもいいとして、1コマの授業を行った。
そして次に、教卓にりんごをひとつ置き、

「指定した画材を用いて、そのりんごを写実的に描くこと」と指示して、
1コマの授業を行った。
すると、その結果、より多くの生徒が課題を仕上げたのは、
後者の制約に縛られたコマのほうだった、ということだ。

制約があるから、行動を起こせる。制約があるから、モノがつくれる。
つくづく、これは本当なんだな、と思う。
仮にわたしたちが100％自由だったら、今までしてきたことのいくつかは
「できずじまい」だったんじゃないだろうか。

これは裏を返せば、「**制約**」の対義語ともいえる「**自由**」には、
多くの危険因子が孕んでいる、ということ。

自由というものは元来、過酷なものなのだ。

なぜなら、自由には責任が伴うから。
自由の度合いが大きいほど、自分の背負うべき責任も重くなるから。
自分で決めて、自分でやって、結果もすべて自分で受け止めることになるから。

選んだのは自分。結果がどうあれ、ゲインもリスクもすべて自分のもの。

自由と引き換えにのしかかってくる負荷を受け入れる覚悟があるか。
それでも自由がサイコーに素晴らしいと言えるのか。

**自由がじつはとても過酷なことだと知っているのは、
実際に自由を体験したことがある者のみだ。**
それ以外のケースでは、自由を手に入れた瞬間に堕落していく。

不用意に自由を叫ぶ前に、しっかりと自由の過酷さを体験しておかなくちゃ。
それでも自由が素晴らしいと心から思えるのなら、
さらなる自由を手に入れたときの後悔もないだろうし、
それほどの覚悟があるあなたに、誰も文句は言わない。

#5 - Words of the Dream

01 : For Time when you are Hard
それでも折れそうになったら

大切なのは、最初のキック。
蹴るか、蹴らないか。

蹴れば、進む。

理解できないものがあっても
ダイジョウブ。

理解できないものが
そこそこあるのが
普通だから。

生まれてこのかた、一度も転ばないで生きてきた人はいない。

もし、そんな人がいたとしたら、
この先転んだときにどうやって立ちあがれるかわからないから
見ていてヒヤヒヤしちゃうだろうな。

大切なのは、転ばない歩き方を学ぶことではなく、
起きあがり方を学ぶこと。

ダイジョウブ。
この先だってちゃんと転ぶし、ちゃんと立ちあがれるのだから。

石橋を叩きすぎていると、渡る前に割れるから。
人生を大事にするのと、迷って止まっているのは違うよ。

転ばない歩き方を
学んだって、
どうせ転ぶ。

人はひとりじゃ夢を叶えられない。

エールはこだまする。

#6-01 : Epilogue
「夢なんて、叶うに決まってる」と思っているあなたへ

Story に書いたように、わたしは引っ込み思案で、
とてつもなく恥ずかしがり屋の少女だった。
そして、自信をもらっては失い……を繰り返し、
完璧主義なところが災いして身体を壊すような女子だった。

でも、数々の体験を経て、今では、
仲間たちとともに、大きな生き甲斐と幸福感をもって生きている。

20代のほとんどを過ごしたヘンテコな出版社では、
人並みのエネルギーを持つ者が、
そのエネルギーをさらに多く発揮していけるようになるための
カンフル剤となる本を、多くつくっていた。

いっぽうで、たくさんの声を聞いているうちに、
そのカンフル剤が効果を出しきれない層もあることがわかった。

その多くは「女子」だった。

さらに話を聞くにつれ、
その子たちには、ある共通の特徴があると気づいた。

いい子であろうとする。
人目をとても気にする。

ゆえに、何ごとにも遠慮しがち。
そして、大変なことはすべて自分で背負おうとする。
頑張れるときがあるとしたら「誰かのため」に動いているとき。

そんな彼女たちを見ていて思った。

「みんなが自分自身のためにも力を向けてあげられたら、
また違った、もっと生きやすい人生を歩めるのではないか。

あるいは、
同じような性質を持つ者たちが
互いにエネルギーを注ぎ合いながら生きていくことで、
自分自身にエネルギーを注いでいるのと似た状況を
つくり出すことができるのではないか」……と。

女子だって、もっと堂々と、夢を叶えていいんだよ。

もし、急にそこまで気持ちをあげられないならば、
まずは穏やかな状態のところまで一緒にのぼろうよ。

この本は、読んでくれた人が、自然に、
もっと「夢を叶えよう！」と思えるように、
もっと「人生を楽しんでいいんだ！」と思えるように、
今まさに読んでくれている"あなたへまっしぐら"の一心でつくった。

Epilogue を書いていて、思う。
あぁ、これもまた、わたしのひとつのユメカナ合宿だったんだな、と。

本の中では、さんざん
「ユメカナの神さま」の存在について言及してきた。
でも、本当は、ユメカナの神さまって、「空の上」にいるんじゃない。

自分の心の中、
そして、人生で出会う大切な人たちの中に、いるんだ。

だから、人生における大切な人との出会いはすべて、
ユメカナの神さまとの出会いだったと思っている。

家族も、学校の先生も、クラスメイトも、仕事仲間も、
これまでいろんな話を聞かせてくれた女子たちも、みんな。

「神さまは、あなたでした！」だなんて、どんなオチかね？
と思うかもしれないけど、これは本心。ごめんね。
でも、ひとりひとりが誰かの神さまになり得るなんて、素敵だよね？

この場を借りて、お礼を言いたい人がたくさんいる。
書ききれないくらいたくさんの、大切な神さまたち。

本当にありがとう。
心からの感謝の念をめいっぱい込めて、
『DREAM BIBLE(ユメカナバイブル)』を贈ります。

2016年　真夏日の東京にて。

松本えつを

参考文献
昨日の不可能を可能にする「万能超ポジティブ」講座 http://www.hitachi-solutions.co.jp/column/positive/
『プログレッシブ英和中辞典（第4版）』（小学館）

PHOTO
© iStockphoto　※**本書に掲載されている写真はすべてイメージです。文言とビジュアルに事実関係はありません。**

Special thanks to...
T&S.Matsumoto, Taiyo.Minami, TCA & WCC by USG, My Friends......and you !

ユメカナバイブル
GIRL'S DREAM BIBLE

2016年8月19日　第1刷発行

著　者	松本 えつを
発行者	津川 晋一
発　行	ミライカナイブックス
	〒104-0052　東京都中央区月島 1-5-1-4307
	URL：www.miraikanai.com
	Mail：info@miraikanai.com
	TEL 03-6326-6113　FAX 03-6369-4350
印刷・製本	中央精版印刷株式会社

検印廃止

© Etsuwo Matsumoto 2016
Printed in Japan

万一落丁・乱丁がある場合は弊社までご連絡ください。送料弊社負担にてお取り替え致します。
本書の一部あるいは全部を無断で複写複製することは、法律で認められた場合を除き、著作権の侵害となります。
定価、ISBN はカバーに表示してあります。